人骨と副葬品

栗島義明

貝塚や洞穴、稀に低地部に残された墓から人骨が発見される。通常は土坑と石器しか残らないが、これらの遺跡では性別や年齢、そしてどんな副葬品を持った人物であったかを特定できる。完形の石鏃や巨大なイノシシの牙製の装身具を身に着けた壮年男性は、狩猟活動などで力量を発揮する集団内でのリーダーであったのだろうか。

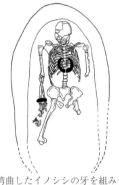

頭部脇に石鏃13点、胸部からサメの歯製垂飾1点が出土

長野県北村遺跡
（後期：壮年男性）

新潟県堂ノ貝塚（中期：壮年男性）

湾曲したイノシシの牙を組み合わせた胸飾りと腕飾りを持つ

木製品の貯蔵庫

栗島義明

福島県荒屋敷遺跡は段丘崖の崩落でパックされた縄文時代晩期の植物性遺物の貯蔵庫（下写真）。石斧柄、丸木弓、竹カゴなどの素材や未製品などが狭い範囲に集中。特にトチノキ製浅鉢関連遺物が多く、柱や板材の間から50点もの資料が発見され、素材の直方体形状ブロックや中央を掘りくぼめた工程品、研磨段階まで及んだ未製品が残されている。

考古科学分析

吉田邦夫

土器付着炭化物などの炭素・窒素含有量やその同位体比を測定する。0.1〜数mgの試料をスズカプセルに入れ、元素分析計のオートサンプラーにセットする。燃焼・還元を経て、二酸化炭素と窒素とし、質量分析装置に順次送り込み、同位体比を測定する。1試料の測定は10分程度であるが、窒素が少量で別に測る場合は2倍かかる。

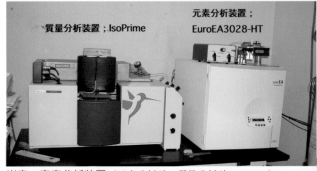

炭素・窒素分析装置（元素分析計−質量分析計システム）

分析試料採取

（新潟県立歴史博物館にて）
土器付着炭化物を採取する。

煮炊き実験（津南町 農と縄文の体験実習館「なじょもん」にて）

土器で煮炊きされた食材を解明するために、おこげを分析・照合する。

上段：カシワ、サトイモのダンゴ、アク抜きトチ
下段：イノシシ、ヒエ粉、イノシシ＋サトイモのマッシュ

クリの計量 　　サメの解体

遺跡発掘　長岡市山下遺跡

縄文時代中期前半が中心の遺跡。火焔型土器・王冠型土器が有名。1960年代半ばに調査されたが、2002年〜2008年にNPO法人ジョーモネスクジャパンを主体として、火炎土器様式の年代を検討する目的で発掘を行っている。なお、新潟県内の遺跡から出土した火炎土器の付着炭化物を年代測定した結果、その存続時期は5300〜4800年前であることがわかった。

後谷遺跡出土縦櫛

縄文時代に利用されていた櫛は「縦櫛」と呼ばれる歯の部分が非常に長い形の櫛である。堅櫛は発掘された際に歯の部分は欠損していることが多いが、後谷遺跡で発掘されたこの櫛は歯の部分も非常に良く残っており当時利用されていた堅櫛の状態を伝えてくれている。

デーノタメ遺跡出土装飾具

デーノタメ遺跡は多くの漆製品が確認されているが、この装飾具は漆と砂を混ぜた粘土を材料に作られたと考えられている製品である。ドーナツ状の凹みの部分は螺鈿や加工した石がはめ込まれていたと考えられており、縄文時代にも優れた加工技術を有していたことがよく分かる漆製品である。

縦櫛全体写真 （大木戸遺跡 W386）

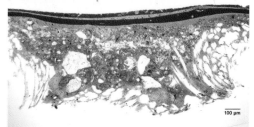

デーノタメ遺跡で発掘された縦櫛は歯の部分は失われているがクロスセクション分析（断面分析）から、歯の部分を固定するために利用した繊維の存在が確認された。また、歯と繊維の隙間の部分はクロスニコル下での観察において白く光る物質が確認され、これは南鴻沼遺跡の装飾具と同様に漆と砂を混合していたことを示している。

クロスセクション像
（上：クロスニコル、下：透過画像）

装身具の出現と流通

栗島義明

縄文時代の前期段階の定住化に呼応するように装身具が発達。C字状のケツ状耳飾りやヘラ状垂飾りは東アジアの広範な地域に展開する遺物で、日本でも墓壙内から検出する場合が多い。中期段階ではヒスイやコハクなど、装身具の形態よりはその材質へと社会的な価値が移ったようで、局所的に産するヒスイが開発され東日本全域にも及ぶ流通網のなかで交換されてゆく。

福井県桑野遺跡装身具出土状態 （前期前葉）

北海道礼文島船泊遺跡出土人骨 （後期）

新潟県青梅川ヒスイ峡
（中央がヒスイ原石）

編組製品

佐々木由香

縄文時代早期後葉（約8000年前）には、基本的な編組技法が揃っていた。また、木材やササ類だけでなく、ツル植物の根など多様な素材植物が確認された。

現生ウドカズラ
の気根

佐賀県 東 名 遺跡
（ひがしみょう）
（左）出土かご（SK2160）
（右）復元品

福岡県正福寺遺跡
（後期初頭～前葉）
（上）出土かご
（H6g2）
素材植物はウドカズラの気根
（下）復元品

Center for Obsidian and Lithic Studies, Meiji University

明治大学黒耀石センター叢書

縄文時代の
環境への適応と
資源利用

I

environment

II

site

III

tool

IV

society

序　文

　明治大学黒耀石研究センター（COLS）は、人類・自然環境系の解明を目的とする学際的研究を推進する研究機関です。これまで黒曜石原産地推定の高精度化や先史時代の様々な資源利用などの研究を進めてきました。その成果は、毎年開催する「資源環境と人類」シンポジウムや、センター紀要等の刊行物などで広く公開し、新たな先史時代研究の推進に貢献してきたと自負しております。

　ところで、考古学の魅力は、遺跡から出土する様々な遺物や遺構を分析して、それをつくり、使った人々の姿を描き出す点にあることは間違いないでしょう。土器や石器はもちろんのこと、一緒に出土した木製の道具や土器付着物、木の実や木材など、当時のムラのまわりに繁茂し、人々の日常生活に利用され、残されたいろんな品々があります。そこには、彼らが、周囲の諸資源をどう認識・識別していたのか、どうやって必要な石材や樹木を入手したのか、そしてそれらをどのように家屋や生活資材、食料などに加工していったのか。そうした過去人類の資源利用をめぐる認識や働きかけの仕組みをより鮮やかに描き出したいものです。

　学際化が叫ばれてすでに久しい今日、考古学も個々の事実や事象の記述という段階から、様々な方法を駆使して諸事象の相互関係を読み解くことに軸足を移しています。考古学とは、過去人類の姿を描き出すためには手段を選ばない科学です。伝統的な手法だけでなく、あらゆる関連諸科学との連携・協同は、考古学の宿命とさえ言え得るでしょう。本書がそうした考古学のあるべき姿を指し示す、一つの実践例であろうと思います。

2021 年 9 月 10 日

黒耀石研究センター長　石川日出志

はじめに

　本書刊行のねらいは旧石器時代編の「はじめに」、並びに本書序文に触れられているとおりで、とくに縄文時代編では最新の縄文時代研究の動向を見据えたうえで、広範な検討対象の紹介と新たな分析手法を用いた研究成果をも盛り込んだ内容となっている。その為にセンター関係者に加え、日頃より様々な場面で研究を共にしている各分野で研究を牽引されている先生方にも参加願うこととなった。

　考古学が対象とする時代の中でも縄文時代は遺跡・遺物共に膨大な数量を誇り、もはや研究者が総括的に研究することはほぼ不可能と言っても過言ではない。その為に研究現状は土器や石器などの研究も個別的とならざるを得ず、また住居・墓、貯蔵穴などの遺構群を対象とした研究の場合では、必然的に地域や時代を区切ったうえでの総括研究となるのは当然の帰結でもある。本書では敢えてそのような研究スタンスとは距離を置きつつ、縄文時代・文化について多角的検討を加えることを選択した。無論、各氏の論考は概説的な総括に留まらず、本質的な研究課題へと鋭く切り込む先鋭的姿勢を強く読み取っていただけるに違いない。加えて多くの読者は縄文時代に残された様々な遺構、多様な生活用具、大量の食糧残渣などをどのように分析・検討し、どんな研究成果へとアプローチすることが可能であるのか実際に、本書を手にした多くの方々は新たな縄文時代研究の取り組みを各氏の論考から感じられるであろう。

　さて、本書は大きく４つの章立てから構成されている。其々の章では環境・遺跡・道具・集団と社会というテーマに即した論考からなるが、その枠内にとどまることなく多角的な検討・視点からのアプローチを通じた研究実践が提示されている。屋上屋を架すに等しいことであるが、ここで各氏の論考について触れることで現在の縄文研究、さらには考古学研究が目指す学際的研究の姿に触れてみることとしたい。

　第Ⅰ章では「縄文時代の環境と資源」と題し、とくに植物資源とその利用を

巡る関係性について焦点を当てている。南北3,000kmに及ぶ弧状に展開する日本列島は、緯度ばかりでなく標高によっても気候環境は大きく異なり、現在では5つの気候帯と7タイプの森林様相に区分されている。過去の気候変動と植生変化はこの気候帯と森林相の変位として捉えられ、様々な考古学的な現象—集落規模・遺跡数・遺跡立地—と関連付けられた傾向があった。だが能城氏によれば縄文時代最大の気候変動（寒冷化）とされるヤンガードリアス期（13000〜12000年前）でも、森林植生への影響は限定的であったと言う。加えて早期末の縄文海進以後、列島の森林植生の変動は少なく安定していたことが指摘されている。こうした指摘は低地遺跡出土の木製品でも確認され、素材となった樹種から復元される樹種相が気候変動に連動した植生の変化を反映してはおらず、地域的に異なる気候帯に由来した森林相を示しているとの意見とも整合的である。

　第Ⅱ章では「遺跡と地域社会」と題し様々な環境を背景として、そこに残された遺跡や営まれた生業について紹介する。藤山氏は岩陰・洞穴遺跡はその立地・成因の特性ばかりでなく、その利用に関わる山間部に於ける生業活動や平地部との関連性も視野に入れた研究の必要性を指摘する。生業活動と残された遺跡との相関的関係性を問う、新たな研究視点の提示が意味するところは大きい。また洞穴利用に見る山間部への進出と共に、縄文人が成し遂げた資源開発に関わる行動として黒曜石・サヌカイトなど石器石材獲得がある。生活領域に接した河床礫や礫層中から石器石材を得るに留まらず、縄文時代に至って鷹山遺跡や二上遺跡など、石材原産地で成し遂げられた大規模な採取・採掘活動は特筆される現象と言える。原産地様相を熟知された大竹・絹川両氏の論考はその点でも示唆に富む。

　海浜部に残された大小の貝塚遺跡や、台地上に展開する巨大な環状集落など、個別的な評価を離れて地域集団や遺跡単位の生業活動や相互の機能分担という相関性を考慮しつつ評価されるのは近年の傾向であろうか。奈良氏がフィールドとする武蔵野台地を中心とした集落構造の解析は、住居や墓、貯蔵穴などを包括的に捉えることの必要性を再認識させるものである。従来の集落

跡のみの調査研究では見えてこなかった、八ヶ岳や二上山などの高原・山間部での石材原産地での採掘行為、或いは低地遺跡からは集落を離れた堅果類採集や木材伐採などの行動も、縄文人の資源環境への積極的な関与を示している。

　第Ⅲ章では縄文時代の道具について、その製作と流通についての問題を取り上げている。吉岡・宮内両氏による研究は学史を丁寧に学び、新たな視点として型式学研究が生業や地域集団との関わりを探るに有効な方法論であることを改めて指摘している。縄文土器については膨大な研究蓄積が見られるが、意外にもその製作についての研究は少ない。遺構としての粘土採掘坑の発見に加え、河西氏による近年の土器内部に残された「物質的情報」を探る胎土分析の成果は注目される。原料調達、製作場所、使用箇所など土器が辿ったライフヒストリーを、土器文様を中心とした研究とは違った視点から捉えられるからである。

　より大規模で厳密な分析が黒曜石の蛍光Ⅹ線分析による黒曜石の原産地推定である。池谷氏が指摘するように非破壊・短時間での大量分析が可能な同手法により、世界的にも類を見ない膨大なデータが蓄積されつつある。黒曜石流通を通じ縄文時代の物流・交易活動が可視化されるのも決して遠い日ではないであろう。黒曜石が複数の産地を持つのに対し、装身具素材として開発されたヒスイやコハクは単一の原産地に由来する。しかしその製品は関東中部だけでなく列島規模に分布しており、石器石材とは相違した流通実体が浮かび上がりつつある。貝輪を含めた総合的な装身具流通の解明は今後の課題であろう。

　縄文時代の祭祀具の筆頭とされる石棒は、その形態に見合った特質を持つ石材と不可分に結びつく。石材や文様だけでなく形態や出土状態などを通しての石棒研究、その系譜や機能に関する鈴木氏の従来とは違う視点からの解釈は読んでいて飽きない。従来の学説の見直しまでを視野に入れた新たな石棒研究の展開に興味を抱く研究者も多いに違いない。その一方で本多氏による漆器分析は、解析されたデータを客観的且つ厳密に読み取ってゆくという、理系研究者の範を示す着実性を見る思いがする。提示された結果からは縄文人の漆やその色彩に関する並々ならぬこだわりが見て取れよう。水銀朱の開発や修復材として

の漆利用、乾性油の利用とその由来など考古サイドへと投げかけられた研究課題も多いことに気付く考古学研究者も多いに違いない。各種の木製品に加え、近年では低地遺跡からの編組製品の出土が著しく、その研究成果を佐々木氏が丁寧に紹介する。出土品の技術的特徴に加え、その製作技術の解明と復元という研究を踏まえ、氏は資源管理までを見据えた研究の推進を体現されている。今後、こうした編組製品の研究は縄文文化を総合的に評価するうえで欠くことのできない研究テーマとなるに違いない。各種の木製品に加え、近年では低地遺跡からの編組製品の出土が著しく、その研究成果を佐々木氏が丁寧に紹介する。出土品の技術的特徴に加え、その製作技術の解明と復元という研究を踏まえ、氏は資源管理までを見据えた研究の推進を体現されている。今後、こうした編組製品の研究は縄文文化を総合的に評価するうえで欠くことのできない研究テーマとなるに違いない。

　第Ⅳ章では資源利用の特性から見えてくる集団や社会を描き出している。最もポピュラーでありしかも最も多くの情報量を備えているのが動物遺存体で、骨・角・貝殻などの研究は主に貝塚調査と共に進展してきた。遺存体分析の現状についての斎藤氏の論考はサンプリング手法の有効性や成果、動物・貝種の特定だけではなく狩猟の季節性や地域性など、資源利用の実体へと迫る道筋が明確に提示されている。

　長く住居跡・墓の構成から縄文社会や集団の復元を試みていた中で、抜歯研究の成果は衝撃的でもあった。今日、その再評価が試みられているが、日下氏による古人骨の分析から導き出される性別・抜歯・同位体比との関連性から導かれた成果は興味深い。まさに「資源利用と社会」の問題へと肉薄する研究成果は、「骨考古学」ならではのものと言えようか。その資源は近年、考古学研究に於けるキーワードともなっている。米田氏は改めて「食料は資源だったのか」との問いかけることで、動植物を資源として研究することの意義と可能性を問う。そして考古学での用法が「有限性という特徴に自覚的」でないと指摘し、有限であるが故に利用による減少とそれに連動した管理が加わる資源の特質について述べる。本論集を貫く資源利用の様相について、資源として認識し

評価することでどのような縄文時代の社会像が描きだされているのか、今後の研究の展開からも目が離せない。

　最後にセンター叢書の旧石器時代の刊行から3年の期間を置いて、ようやく本書の刊行に至ったことに安堵している。阿部前センター長からの指示を受けて本書刊行の任を引き継いだものの、叢書に相応しい研究成果の構成を念頭に戸惑いを覚えたことを思い返す。幸いにしてセンター関係者の日頃の研究成果、そして日頃より共同研究等でご一緒頂いている研究者の方々からの論考によって、縄文研究の現状と今後の研究展開を学ぶうえで極めて有益且つ貴重な内容を持つ、まさに序文にあるとおり学際色豊かな構成を持つ研究書の刊行に結び付いたと考えている。本センターの研究活動を支え、そして協賛・助言頂いている執筆者の皆様に、編者として改めて深謝の意を表したい。また、出版を引き受けてくれた雄山閣の桑門智亜紀氏、編集や校正でお世話になった戸丸双葉氏にもお礼申し上げたい。

編者　栗島義明

明治大学黒耀石研究センター叢書

縄文時代の環境への適応と資源利用　目次

I

environment

縄文時代の
環境と資源

1 植物の環境適応

能城 修一

　降水に恵まれた日本列島は、現在でも、その面積の3分の2は森林で覆われている。現在、森林が残っている場所のほとんどは人間の生活に適さない山地であるが、開発が進んで自然公園や社寺林などにしか森林が残っていない平野部でも、人為の影響が無いとすると森林に覆われることになる。植生に対する人為の影響が今よりもはるかに少ない縄文時代には、日本列島は、そのほぼ全域が鬱蒼とした森林で覆われていたと考えられる。しかし日本列島は南北に約3000kmにも及んでおり、気候環境も南北で大きく異なるため、同一のタイプの森林が日本列島全体を覆っている訳ではない。また標高によっても気候環境は変わるため、一つの地域においても山に登るにしたがって、別のタイプの森林が広がるようになる。

　日本列島は、大きく5つの気候帯に覆われており、それに対応して7タイプの森林で覆われている（図1・表1：福嶋 2017）。琉球列島から南九州の沿岸部は亜熱帯の地域であり、アコウやガジュマルといったクワ科の常緑広葉樹やオキナワウラジロガシなどが優占する常緑広葉樹林が広がっており、河川の河口にはマングローブ林が見られる。この地域の常緑広葉樹林内には木生のシダ植物であるヘゴ類が生育し、シマオオタニワタリをはじめ熱帯の植物も生育する。九州から本州中部の沿岸域は暖温帯の地域であり、シイ類やカシ類といったブナ科の常緑広葉樹やタブノキといったクスノキ科の常緑広葉樹が優占する常緑広葉樹林が広がっている。これらの常緑樹は濃い緑色で光沢の強い革質の葉を付けるため照葉樹と呼ばれており、中国大陸の長江流域からヒマラヤ山脈まで、日本列島の暖温帯と同様の照葉樹の林が広がっている。九州から本州中部でやや標高の高い地域は中間温帯と呼ばれていて、地域や地形によってモミ

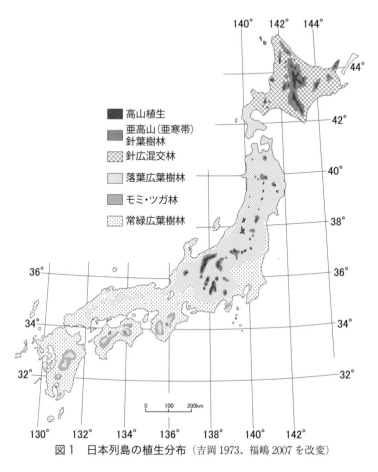

図1　日本列島の植生分布（吉岡 1973、福嶋 2007 を改変）

凡例：
- 高山植生
- 亜高山（亜寒帯）針葉樹林
- 針広混交林
- 落葉広葉樹林
- モミ・ツガ林
- 常緑広葉樹林

やツガを主体とする常緑針葉樹林とシデ類やイヌブナを主体とする暖温帯落葉広葉樹林が広がっている。この暖温帯落葉広葉樹林は、日本列島の里山にみられるコナラやクヌギ、アベマキを主体とする雑木林（薪炭林）の起源の一つとされている。本州中部の山地から東北地方、北海道西南部は冷温帯で、ブナやミズナラが優占する落葉広葉樹林が広がっている。この冷温帯落葉広葉樹林では、落葉広葉樹が葉を広げる前の早春に、カタクリやキクザキイチゲ、ニリンソウなどの草本が林床に一面に咲きほこる。北海道の道央から道東も冷温帯で

表1 日本列島の水平植生帯 (福嶋 2007 を改変)

気候帯（垂直区分）	森林タイプ	生育期間	代表的植物
亜寒帯	常緑針葉樹林	1〜4 ヶ月	
（高山帯）			ハイマツ
（亜高山帯）			エゾマツ、トドマツ、アカエゾマツ
冷温帯	汎針広混交林	4〜6 ヶ月	ミズナラ、シナノキ、エゾイタヤ、
（山地帯）			トドマツ、エゾマツ
	落葉広葉樹林		ブナ、ミズナラ
中間温帯	常緑針葉樹林	6〜7 ヶ月	ツガ、モミ
（間帯）	（モミ・ツガ林）		
（低山帯）	暖温帯落葉広葉樹林		イヌブナ、アカシデ、イヌシデ
暖温帯	常緑広葉樹林	7〜9 ヶ月	スダジイ、タブノキ、アカガシ、
（丘陵帯）			ウラジロガシ、ウバメガシ
（台地帯）			
（低地帯）			
亜熱帯	常緑広葉樹林	9ヶ月以上	アコウ、ガジュマル、ヘゴ

あるが、ここでは森林の構成が異なっており、ミズナラやシナノキ、エゾイタ
ヤといった落葉広葉樹にトドマツやエゾマツといった常緑針葉樹が混生する針
広混交林が広がっている。本州中部から北海道でより標高の高い地域は亜寒帯
であり、そのうち標高の低い亜高山帯にはシラベやオオシラビソ、エゾマツ、
トドマツなどの常緑針葉樹林が広がり、より標高の高い高山帯にはハイマツを
主体とする低木林や草原が広がっている。北海道の道央から道東の沖積低地や
周辺の湿潤な場所には、ハルニレやヤチダモ、ハンノキが優占する湿地林が広
がっている。このように、現在の日本列島は高山帯を除くと、すべての地域で
森林が成立する気候条件を備えている。

　では、現在とは気候環境も異なる縄文時代の日本列島には、どのような森林
が広がっていたのであろうか。まず縄文時代に入る前、約 20000 年前の最終氷
期最寒冷期の状況を見てみよう。花粉組成の解析から当時の気温は現在よりも
約 12 度低いと推定されており、海水準は現在よりも 120m ほど低くて日本海
はほぼ閉鎖しており、日本列島はアジア大陸の東縁となって大陸的な気候環
境に覆われていた（日本第四紀学会 50 周年電子出版編集委員会 2013、遠藤 2017）。
そのため当時の植生は大陸の植生と似通っており、北海道から本州中部までは
亜寒帯針葉樹林が覆っていて、本州中部から九州にかけては冷温帯性針広混交

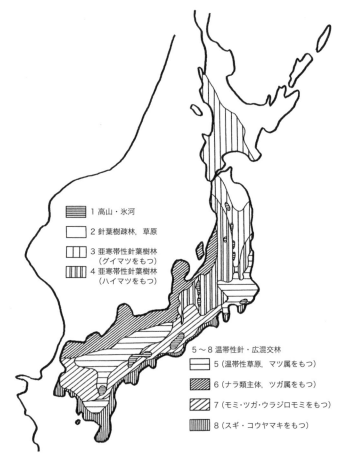

図2　最終氷期の最寒冷期の約 25,000 年前の日本列島の植生
（辻誠一郎原図、岡村ほか 1998）

林が覆っていた（図2：岡村ほか 1998）。また東北地方北東部や北海道東部から
サハリンにかけては針葉樹の疎林と草原が広がっていた。この最終氷期最寒冷
期の森林でもっとも優占していた樹種はトウヒ属とモミ属、ツガ属といったマ
ツ科の常緑針葉樹である。これら3属の存在を分析地点ごとの樹木花粉組成に
しめる比率で見てみると、日本列島のすべての地域でこの3属の花粉が50％

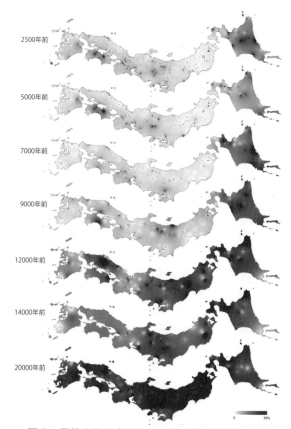

以上を占めており、局地的にマツ属花粉が優占する地域があるものの、これら3属の樹種がほぼ列島全体を覆っていたと考えることができる（図3：Ooi 2016）。一方、縄文時代に入ってから優占するようになる冷温帯性落葉広葉樹は本州中部以西の沿岸部に点々と多産する地域が認められるだけであり（図4）、暖温帯の常緑樹や落葉樹の存在はほとんど認められない（図5）。

縄文時代草創期初頭の約14000年前になると気候は急激に温暖化し、それに伴って海水

2500年前

5000年前

7000年前

9000年前

12000年前

14000年前

20000年前

図3　最終氷期最寒冷期から縄文時代終末にかけてのトウヒ属・モミ属・ツガ属花粉の出現率の変化
（Ooi 2016を改変）

準は現在よりも70mほど低い水準まで上昇し、日本海には親潮が流入するようになった（工藤2012、日本第四紀学会50周年電子出版編集委員会2013、遠藤2017）。日本列島の森林組成も大きく変化し、いまだ本州中部から北海道ではトウヒ属とモミ属、ツガ属が優勢であるものの（図3）、九州から本州東北部にかけては冷温帯性落葉広葉樹が広く覆うようになり（図4）、本州中部から東北部では針葉樹林に広葉樹が混生する針広混交林が成立していたと考えられる。また九州

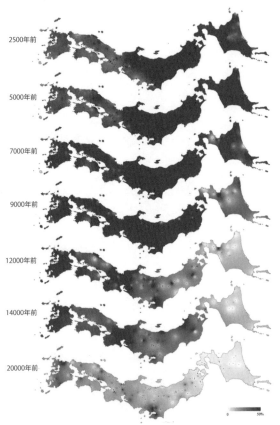

2500年前

5000年前

7000年前

9000年前

12000年前

14000年前

20000年前

図4　最終氷期最寒冷期から縄文時代終末にかけての冷
温帯性落葉広葉樹花粉の出現率の変化
（Ooi 2016を改変）

南部では暖温帯の常緑樹や落葉樹の存在が確認できるようになる（図5）。なお、濃尾平野における暖温帯の常緑樹や落葉樹の多産は、湿原に生育する低木で、照葉樹のヤマモモと同じ仲間のヤチヤナギの存在による。このように縄文時代の始まりは九州から東北地方において冷温帯性落葉広葉樹の存在が明瞭になった時期に相当する。その後、約13000年前～12000年前にはヤンガードリアス期と呼ばれる寒冷期があるが、花粉組成をみると、山岳域でトウヒ属とモミ属、ツガ属がや

や増加するのみで、冷温帯性落葉広葉樹の産出にはあまり変化がなく、日本列島ではこの寒冷期の森林植生への影響はそれほど大きくなかったと考えられている（図3・4：Ooi 2016）。なお、この時期に暖温帯の常緑樹や落葉樹が北海道で多産しているが、これは湿原に生育するヤチヤナギによる（図5）。

　この寒冷期を過ぎた縄文時代早期初頭の約11000年前には、海水準は現在よりも50mほど低い水準まで上昇して日本海に対馬暖流が本格的に流入するよう

になり、日本列島は大陸的な気候環境から列島的な気候環境に支配されるようになった（工藤 2012、日本第四紀学会 50 周年電子出版編集委員会 2013、遠藤 2017）。縄文時代早期中頃の約 9000 年前になると、トウヒ属とモミ属、ツガ属は、北海道では引きつづき優勢であるものの、それ以外の地域では高い山に分布が限定されるようになる（図 3）。例外は新潟県や高知県の沿岸部や瀬戸内海で、この地域における多産はモミやツガといった中間温帯の優占種によると考えられる。一方、冷温

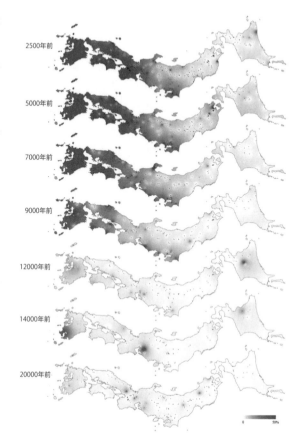

図 5　最終氷期最寒冷期から縄文時代終末にかけての
常緑広葉樹・暖温帯性落葉広葉樹花粉の出現率の変化
（Ooi 2016 を改変）

帯性落葉広葉樹は九州から東北地方に渡る全域で優勢となり、北海道においても存在が明瞭となる（図 4）。また暖温帯の常緑樹や落葉樹は九州の全域でかなり明瞭に存在が認められるようになるとともに、四国や中国地方、東海地方でも点々と増加した場所が認められる（図 5）。

　縄文時代でもっとも温暖であった前期前半の頃は、「縄文海進」と呼ばれる大規模な海進の時期であり、海水準は現在よりも 2〜3m ほど高い水準まで上昇

し、東京湾は利根川と江戸川の分岐点から渡良瀬遊水池の辺りまで広がった（工藤 2012、日本第四紀学会 50 周年電子出版編集委員会 2013、遠藤 2017）。この時期の7000 年前には、北海道ではトウヒ属とモミ属、ツガ属が引きつづき優勢であったものの（図3）、冷温帯性落葉広葉樹の存在が一層明瞭となり（図4）、現在につながる針広混交林が形成された。一方、九州から東北地方では冷温帯性落葉広葉樹が引きつづき優勢であったが（図4）、九州や四国、本州西部では暖温帯の常緑樹や落葉樹が全域で増加した（図5）。

　この温暖な海進期の後、海水準は縄文時代中期の約 5000 年前にほぼ現在と同じ水準まで低下し、開析谷の中では海退にともなって浅谷が形成された（工藤 2012、日本第四紀学会 50 周年電子出版編集委員会 2013、遠藤 2017）。この時期になると、北海道では冷温帯性落葉広葉樹のほうがトウヒ属とモミ属、ツガ属より目立つようになり（図3・4）、ほぼ現代的な針広混交林が成立した。本州の中部から東北部では冷温帯性落葉広葉樹が引きつづき優勢であったものの、九州から近畿地方にかけては比率が低下し（図4）、代わって暖温帯の常緑樹や落葉樹が一層優勢となり（図5）、照葉樹林が拡大した。東海地方から関東地方の沿岸部でも暖温帯の常緑樹や落葉樹が優勢となり、照葉樹林が広がった。なお、暖温帯の常緑樹や落葉樹が東北地方北部で点々と多産しているが、これは湿原に生育するヤチヤナギである（図5）。

　縄文時代の終末から弥生時代前半の約 2500〜2000 年前には、「弥生の小海退」と呼ばれる海退が全国的に認められており、海水準は現在よりも 1〜2ｍほど低下した（工藤 2012、日本第四紀学会 50 周年電子出版編集委員会 2013、遠藤 2017）。しかしこの時期に起こったとされる寒冷化の森林植生への影響は少なく、トウヒ属とモミ属、ツガ属が北海道の大雪山周辺でやや増加するものの、東北地方から九州では約 5000 年前とほぼ同様の出現率を示していた（図3）。冷温帯性落葉広葉樹は北海道の大雪山周辺でやや減少するものの、北海道のそれ以外の地域から九州にかけては約 5000 年前とほぼ同様の出現率を維持しており（図4）、暖温帯の常緑樹や落葉樹も約 5000 年前とほぼ同様の出現率を維持していた（図5）。このように、縄文時代前期前半の海進期以降、日本列島の森林植生はそれ

ほど大きくは変動しておらず、短期的な寒冷化があっても森林の組成は安定していたということができる。

　では、最終氷期最寒冷期から縄文時代を通じてみられる森林の変遷はどのような仕組みで起こったのであろうか。最終氷期最寒冷期にはローレンタイド氷床によってほとんど覆われた北アメリカ大陸の北部では、晩氷期から後氷期における氷床の後退にともなって森林が南部から拡大していった様相が花粉記録から解明されており、かつては森林が1年に100〜300mという速度で急速に広がったと考えられていた（日本第四紀学会50周年電子出版編集委員会2013）。しかし、こうした大きな氷床の中にもレフュジアと呼ばれる、寒冷な気候環境から逃避した場所があって、植物はそこで生き延びており、そこからも分布を広げていったという見解が最近、提唱されるようになってきている。日本列島においても温帯性落葉広葉樹や暖温帯性常緑・落葉広葉樹の花粉は約20000年前の最終氷期最寒冷期にも点々と各地で産出することが認められており（図4・5）、こうした逃避地からも縄文時代の森林を構成する樹木が広がっていった可能性が指摘されている（Ooi 2016）。とくに太平洋に面した沿岸部は、古くから最終氷期の寒冷期における逃避地の候補と考えられてきたが、現在は海面下100m以上の場所となるため、そうした場所を実際に調査した例はない。もう少し後の時期になるが、海水準が現在よりも50mほど低下していた約10000年前の海辺の森林が、千葉県館山市の沖ノ島遺跡の発掘調査で見つかっており、そこではタブノキやヤブツバキといった常緑広葉樹を主体とし、カシ類が周縁に生育する暖温帯性常緑広葉樹林が広がっていたことが報告されている（千葉大学文学部考古学研究室2006）。この遺跡はイルカ類の捕獲と解体の場と考えられており、早期前葉の土器とともに石器や骨角器も出土している。この遺跡の状況は、暖温帯の常緑樹や落葉樹の花粉がまだわずかしか検出されていない時期に（図5）、すでに太平洋の沿岸部では照葉樹林が成立していて人間の活動も盛んに行われていたことを示しており、現在の海水準より上の部分だけでは見えない情報が海面下に多分に存在することを示している。

2 資源環境への適応

栗島 義明

1. はじめに

　縄文時代に対する見方がここ数年で大きく変化しつつある。従来のように土器を中心とした遺物群の型式学的研究を基軸に据えた時間／空間的な遺跡、或いは地域相互の比較研究はやや低調となり、遺跡に残された木質遺物（弓、斧、容器など）や植物遺体、動物遺体、花粉や種実遺体、編組製品など多種多様な遺物への関心が広がりつつある。また、土器そのものの研究でも付着炭化物や種実など付随した属性などからの情報回収を通じて、遺物そのものの機能特定に加え、生業や生活環境の復元という次なるテーマへのアプローチも一般化している。

　こうした従来の考古学の垣根を超えた、生物学、植物学、分析科学など学際的研究を強く後押しするのは、縄文時代遺跡のなかにあっても低地部に残された遺跡調査が進展してきたことと関係している。台地上に残された遺跡に比べ堅果類を始めとした種実類、住居や水場などの構築・整備に使用された大量の木材、空気が遮断された環境下で良好に残った土器付着物等々、それらの分析からは、土器・石器の研究では見えてこなかった豊かな人々の生活場面が生き生きと垣間見られるようになったのである（米田 2019）。

　縄文文化が列島に展開した豊かな森林環境の中で育まれたが指摘されて久しい。低地遺跡はまさにそうした豊かな自然環境下で、生活領域内に点在した有用資源を有効且つ効率的に利用した人々の生活、環境への見事な適応とその具体的姿を我々に教えてくれるのである（能城 2018）。ここではとくに植物資源の利用に焦点を当て、縄文時代の人々がどのように環境への適応を果たしてい

たのか、その姿について迫ってみてゆくことにしたい。

2. 定住社会を支えたもの

縄文時代が狩猟採集を生業としつつも、定住生活を送っていた点については研究者間でも概ね肯定されている。前期以後の巨大な環状集落を構成する住居・墓壙・貯蔵穴などの規則的配置とその継続性は、縄文社会が安定的な食糧調達・保存を背景に複数世帯が寄り添うように定住生活を送っていたことを明示している。同じ空間に複数世帯が共同生活を継続的に営むこと、定住生活や巨大な集落の維持・発展の契機となり支えた最大の理由こそが、実は生活環境への適応を通じた食料を始めとする有用資源の開発と効果的利用にこそあったと考えられる。

縄文時代に定住生活が開始された要因の一つが、海水面の上昇（+2.5m〜2m）に象徴される前期初頭（約6,000年前）にピークを迎えた温暖化現象に連動した落葉広葉樹林の広がりとその豊富な恵みにあった。集落内に多数構築された貯蔵穴は、森の恵みとも言えるクリ、クルミを始めとした堅果類を貯蔵しておく為の施設で、これらの堅果類は若

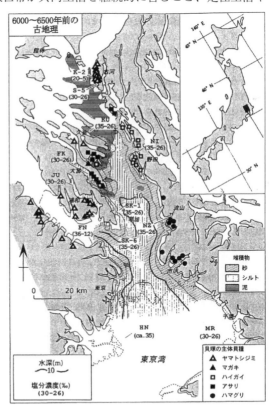

図1 縄文海進時の古地理と貝塚に残された貝
(遠藤 2015)

干の日にちを違えつつ前後して結実し、晩秋を迎えずに落下してしまうものが殆どである。南北に長い列島各地における堅果類の結実・落下時期は同一ではないが、人々はどの時期にどのような順序で堅果類の採集が可能であるかを熟知しており、採集された木の実は逸早く処理（虫殺し、乾燥）を施した後に貯蔵穴へと運ばれ保存されて行ったのであろう。

　豊かな落葉広葉樹の森を構成するクリ、クルミ、コナラ、ミズナラ等々の樹木が、起伏の多い丘陵・山間部のどの場所にどんな状態で生育しているのか、それは定住生活を通じて獲得された**認知地図**（メンタルマップ）に基づき全員へと情報共有がなされており、収穫作業ほかは木々の特性や収穫量の目安、結実時期や収穫方法およびそのルートなども蓄積された**民俗知**（フォークノレッジ）に依拠しつつ遂行されていた（池谷 2003）。定住生活は人々と集落周辺環境とのより深い係わり、とりわけ動植物相への定点的観測という相関性をもたらしたていったことは想像に難くない。蓄積された生活環境下での有用資源に係わる認知地図・民俗知は集団構成員の間で共有され、語り継がれて行った。そうした生活環境に対する生態学的適応を遂げたからこそ、安定的で継続可能な定住生活が保証されることとなったのであろう。

3.　木質遺物に見る樹種選択

　ところで生業面に加えて人々が生活する環境下での適応形態、地域単位での有用資源の開発と利用についても注視しておく必要がある。例えば縄文時代の狩猟活動が弓矢猟を中心に構築されたことは石鏃の普遍的存在からも疑いなく、低地遺跡からはほぼ例外なく丸木弓が発見されている事実とも符合する。丸木弓については大型・小型、装飾の有無などで細別され場合も多いが、素材としてはしなやかで弾力性に富んだ性質を持つ樹種が地域ごとに選択されており、その種類を特定することで地域環境や生態系を捉えることもできる。

　前期の丸木弓出土例を見ると富山県小竹貝塚ではイヌガヤ（9点）が主体であるが、太平洋側の神奈川県羽根尾貝塚ではニシキギ（9点）がもっとも多く、イヌガヤ（3点）、モミ（2点）がそれに続く。福井県鳥浜貝塚ではアカガシ（64点）

がもっとも多く、ムラサキシキブ（55点）、ニシキギ（14点）と続いており、イ
ヌガヤは小型弓（28点）にのみ限定されている。丸木弓の場合は各遺跡で上記
の主要樹種を補完するかのようにモクレン、ツバキ、ムクロジ、スギ、ケヤキ
が用いられ、それぞれの地域環境の特性を反映しているようである。

　同様な樹種選択の様相が石斧柄にも当てはまり、青森県岩渡小谷（4）遺跡で
はケヤキ（3点）、鳥浜ではユズリハ（123点）が圧倒的多数を占めている。無
論、出土点数に起因した遺跡単位のバラツキも多いものの、山形県押出遺跡や
小竹貝塚で出土（各1点）しているコナラ属製の石斧柄は、素材を含め180点
近くの石斧柄が出土した鳥浜貝塚の中に見出すことはできない。ユズリハを始
めスダジイ、カエデなど、鳥浜は石斧柄を見ても西日本に特有な植生環境下で
樹種選択がなされていたという適応実態を際立たせているのである。

　当該遺跡群から出土した木製容器素材に目を転じると、岩渡小谷（4）遺跡や
押出遺跡、羽根尾貝塚ではケンポナシ、クリが多いが、小竹貝塚ではトチ、ム
クロジ、そして鳥浜貝塚ではトチが圧倒的多数を占めており、ケンポナシやサ
クラがそれに続く。クリと共にケヤキは少数ながらいずれの遺跡でも容器用の
素材として選択されている。大型浅鉢製作ではケンポナシとトチを優先的に選
択するという利用傾向が地域的に顕在化する傾向が伺われ、また縦木取りの特
異な三足付筒形容器は小竹でも鳥浜でもクリを素材とした例が圧倒的に多い。

　さて、前期段階は東日本地域で良好な低地遺跡が空間的な距離を隔て点在し
ているが、後期段階では大宮台地周辺に低地遺跡が纏まって発見されている。
後谷遺跡（鴻巣市）、大木戸遺跡・寿能遺跡・南鴻沼遺跡（さいたま市）であり、
それぞれの遺跡間の距離は10kmにも満たない。後期の加曾利B式を中心とす
るこれらの遺跡に於ける石斧柄、丸木弓、そして木製品を概観することで、生
活環境を同じくする地域内での各種木製品の樹種選択の姿を確認してみよう。

　石斧柄については大木戸遺跡で総てがコナラ（8点）、後谷では4点の石斧柄
が出土しているが樹種は不明、他からの出土例はない。丸木弓を見ると大木戸
遺跡でニシキギ（14点）、イヌガヤ（5点）、後谷でイヌガヤ（8点）、針葉樹（14
点）、不明（20点）、寿能遺跡ではイヌガヤ（15点）、マユミ（2点）、南鴻沼では

ニシキギ（1点）が出土している。イヌガヤとニシキギが圧倒的に優位な選択対象となっており、わずかにマユミがそこに加わった姿を指摘することができようか。同一台地上ではその選択が類似というか、比較的統一性を保っていたことを伺い知ることができる。

第１表　遺跡別の植物質遺物と選択樹種（縄文時代前期）

	石　斧　柄	丸　木　弓
岩渡小谷(4)遺跡	ケヤキ(3)・ニレ(1)	な　し
押出遺跡	コナラ節(1)	な　し
小竹貝塚	コナラ節(1)・ハンノキ(1)・トネリコ(1)	イヌガヤ(9)・スギ(1)
鳥浜貝塚	ユズリハ(123)・ミズキ(15)・ヤブツバキ(10)・スダジイ(9)・カエデ(7)・クヌギ(6)・トネリコ(2)・サカキ(2)・サクラ(2)・エゴノキ(1)	アカガシ(64)・ムラサキシキブ(55)・ニシキギ(14)・モクレン(8)・ヤブツバキ(6)・ネジキ(5)・ムクロジ(2)・カマズミ(2)・その他(2)
羽根尾貝塚	な　し	ニシキギ(6)・イヌガヤ(3)・モミ(2)・ケヤキ(1)・アカガシ(1)・ムクロジ(1)

第２表　遺跡別の植物質遺物と選択樹種（縄文時代後期）

	石　斧　柄	丸　木　弓
後谷遺跡	不明(3)	イヌガヤ(8)・針葉樹？(14)・不明(20)
大木戸遺跡	コナラ節(8)	ニシキギ(14)・イヌガヤ(5)・クリ(1)
南鴻沼遺跡	な　し	ニシキギ(1)
寿能遺跡	な　し	ニシキギ(14)・イヌガヤ(5)・クリ(1)
下宅部遺跡	コナラ(1)・カマツカ(1)	イヌガヤ(23)・ニシキギ(3)・ムラサキシキブ(1)・その他(12)

容器類に目を向けるとそうした評価・指摘が適切であることを示すように、相互に酷似した樹種選択が行われていたことが確認できる。樹種が特定されていない後谷遺跡を除くと、容器類の樹種は大木戸遺跡でサクラ（73点）、イヌガヤ（16点）、トチ（1点）、寿能遺跡ではサクラ（28点）、イヌガヤ（9点）、トチ（7点）、クリ・カエデ（各1点）、南鴻沼遺跡からはサクラ（7点）、イヌガヤ（4点）、トチ（3点）、クリ（2点）、そしてケヤキ・カエデ・ツバキなどが各1点出土している。サクラとイヌガヤを中心に選択しており、そこに適時トチやクリ、ケヤキなどを加えた選択的構成を認めることができる。同様な木器、木製品に見る樹種選択は武蔵野台地の東京都下宅部遺跡とも共通していることから、地域を大きく違えなければ類似した傾向が見られと考えて良いのであろう。

I
environment

カッコ内は製品点数

堀り棒・櫂状木製品	浅鉢・鉢形容器	その他容器
コナラ(17)・ケンポナシ(3)・アスナロ(2)・ニシキギ(1)	ケンポナシ(4)・クリ(2)・ケヤキ(1)・トチ(1)・カエデ(1)	ウルシ(3)・ケヤキ(1)コシアブラ(1)
マツ属(3)・クリ(1)・カツラ(1)・ヤナギ(1)・トネリコ(1)	ケンポナシ(4)・クリ(3)・ケヤキ(1)・コナラ(1)	なし
スギ(4)・クリ(1)・ツバキ(1)	トチ(3)・ムクロジ(3)・ケヤキ(1)・ハンノキ(1)・ムクノキ(1)・ムクロジ(1)	クリ(7)・ムクロジ(2)・ケヤキ(1)
ヤマグワ(33)・ケヤキ(11)・スギ(4)・ケンポナシ(4)・ムクロジ(3)・アカガシ(2)・モクレン(2)・イヌガヤ(1)・クリ(1)・その他(3)	トチ(36)・ケンポナシ(8)・ケヤキ(7)・ヤマザクラ(3)・ヤブツバキ(2)・クリ(2)・ムクロジ(1)	クリ(10)・トチ(4)・ケヤキ(3)・ムクロジ(1)・ケンポナシ(1)
ヤブツバキ(9)・カヤ(2)・スギ(2)・ムクノキ(2)・ヒサカキ(1)・ヤブツバキ(1)・ケヤキ(1)・イヌガヤ(1)・その他(1)	ケンポナシ(36)・トチ(3)・クリ(3)・ケヤキ(2)・不明(9)	なし

カッコ内は製品点数

堀り棒・櫂状木製品	浅鉢・鉢形容器	その他容器
不明(16)	不明(2)	不明(3)
コナラ(3)・クリ(2)・その他(3)	サクラ(72)・イヌガヤ(16)・トチ(3)・ニシキギ(2)・クリ(1)	トチ(1)・サクラ(1)・イヌガヤ(1)
なし	サクラ(5)・イヌガヤ(4)・トチ(3)・クリ(2)・ケヤキ(1)・ヒサカキ(1)・カエデ(1)・ツバキ(1)・エゴノキ(1)	なし
サクラ(28)・トチ(9)・イヌガヤ(9)・クリ(1)・カエデ(1)	トチ(4)・サクラ(1)・イヌガヤ(1)・モミ(1)・マツ(1)	イヌガヤ(3)・トチ(1)
クヌギ(7)・アカガシ(3)・アオキ(2)・コナラ(1)	クリ(5)・トチ(2)・サクラ(1)・イヌガヤ(1)	なし

　見落としてはならない点は石斧柄にしても丸木弓、そして木製容器ではとくに顕著に、特定の樹種にのみ依存せずに2〜3の樹種を組合せ遺跡単位に選択的に利用されている姿を確認できることにある。各地域単位に複数樹種が組み合わさるように製品化されていたと捉え、理解するのがより実態に近いと言えよう。こうした樹種選択傾向とは、先に見た縄文前期遺跡の木器や木製品の製作に際しての樹種選定でも確認できることであり、加工し易くて弾力性がある石斧柄用（ユズリハ、コナラ、ミズキなど）、しなりが良く硬く弾力、反動力に富んだ材は丸木弓用（ニシキギ、イヌガヤ、マユミ）そして大径木ながら加工し易く耐久性・耐水性があるケンポナシやトチ、サクラ、イヌガヤ、クリなどは容器製作時の素材として選択されていたことは間違いない。

　縄文時代を通じて植物資源の利用状態、すなわち生活圏内での樹種選択を通時間的に概観できる状況にはない。時期・地域に低地遺跡が偏在していることにも拠るが、そもそも低地遺跡自体の検出事例はまだ極めて稀だからである。しかし、ここで取りあげたわずかな例からも人々が有用植物を見極め、効果的に利用していたことは疑いなく、豊富に採取される多種類の堅果類を主食料として取り込むのと同時に、生活圏内に生育する植物の特性を見極めた上でそれらを言わば生産資材・生活資材として積極的に利用していたことが確認できる。

4. 土器・石器の製作と資源

　次に縄文時代の指標的遺物とも言える土器・石器の製作を巡る資源環境について考えてみよう。一部の搬入資料を除き、生活圏内で獲得が可能と思われがちであるが、これらが生活必需品であるが故にその獲得・確保には特別な配慮がなされていた状況が明らかになりつつある。

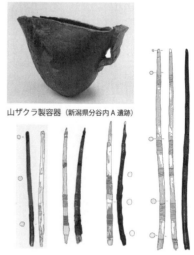

山ザクラ製容器（新潟県分谷内Ａ遺跡）

ムクノキ製丸木舟（千葉県栗山川流域九蔵地点）　　イヌガヤ・ニシキギ製丸木弓（東京都下宅部遺跡）

写真1　道具ごとに厳密に樹種選択された木製遺物
（左：多古町教育委員会所蔵、右上：東村山市教育委員会所蔵、右下：胎内市教育委員会所蔵）

　縄文時代の土器製作にかかわる問題は、とくに素地となる粘土獲得については全国的に発見例が増加している採掘採掘坑跡の存在によって明らかとなりつつある。とくに東京都多摩ニュータウン No.248 遺跡からは中期段階の粘土採掘坑の調査により、丘陵斜面地に露呈した粘土層を狙った小規模ながらも継続的な採掘活動が明確となった（及川・山本 2001）。同様な遺跡隣接地の産する粘土採掘行為こそが、列島各地に於ける膨大な土器製作を支えていた蓋然性はたかい。

　粘土と共に重要な役割を担っていたのが混和材であり、その代表である川砂などはどこでも入手が可能と考えられていたが、実は土器製作用に川砂を選別採取して土器製作用に集落内に貯蔵した様子が報告されている。山梨県前付遺跡では中期の火災住居内から川砂を充填した深鉢土器が検出され、粒度分析や鉱物組成から約 2km 離れた笛吹川から持ち込まれたことが判明した（河西 2015）。同様な川砂の貯蔵事例が新潟市平遺跡でも報告されている。平遺跡では中期前葉の土坑 10 基程で川砂が確認され、石英・軽石・雲母・角閃石粒を含む川砂は、2km 程の距離を隔てた阿賀野川水系に由来することが指摘されている。

　縄文時代の石器に比べてその原材料の獲得のハードルが一見低いように思われがちな土器製作だが、何よりも良質な粘土獲得が総ての集落周辺で可能であったか疑問であるし、そもそも混和材として粘土に 1〜2 割を加える川砂さえも有用資源として扱われていたらしい。わざわざ水系を違えた川砂を混ぜるのは、そこに含まれる砂の粒度や構成する原石鉱物の違い、焼成効率や出来上がりを意識したからであり、人々は臨機的採取を通じて川砂を集落へと持ち帰り、土坑や土器に入れ保管して土器製作に備えていたのであった。

　縄文時代の石器製作とその素材となった石材との関わりはどうであろうか。旧石器時代が移動生活の中で適時、画一的に生産された石刃を素材として石器装備を整える行動様式を採用していたのに対し、縄文時代は石器形態ごとに石材や製作技術を違える傾向が強い。石鏃などの小型剝片石器は黒曜石やチャート、頁岩、大型剝片石器には安山岩や粘板岩などが利用され、石斧では打製（砂岩・粘板岩）と磨製（緑色岩・透緑岩）で石材を違えるのが通常で、磨石や石皿などは地域によって砂石、花崗岩、そして緑泥石片岩や安山岩など、地域

的に利用石材の偏在性が顕著である。要は木製品製作時の樹種選定と同じく、各種石器形態に見合った特徴・属性を備えた石材を地域単位に在地石材の中から厳密に選択していた様相をそこに見出すことができるのである。

　生産・生活に不可欠な石器装備を整える為の石材。上記したように縄文前期以後に定住性が一段と強まるなか、そもそも各種石器群を調達可能な石材環境を生活領域内に保持した地域社会は皆無であった。例えば下総台地や大宮台地では石器製作に適した石材を産せず、必然的に周辺地域から石材・素材そして製品を入手すること以外に石器装備を整えることはできない。一方で武蔵野台地は石材環境という観点から見た場合、比較的恵まれていたものの石鏃素材となった黒曜石を始めとして磨製石斧用の緑色岩、大型の石匙や磨石・敲石用の頁岩、安山岩、花崗岩、そして石皿・石棒に使用する片岩は礫層や河床で採取できず他地域から入手せざるを得なかった。

　大宮台地や下総台地などもほぼ同様な石材環境下に在ったと考えられるが、いずれの地域でも量的多寡を問わなければ多様な石材を用いた石器装備が整えられている。多くの先学が指摘してきたように地域社会を横断するような交易活動を通じて、必要とされる石材・石器が広く地域社会間を頻繁に流通してい

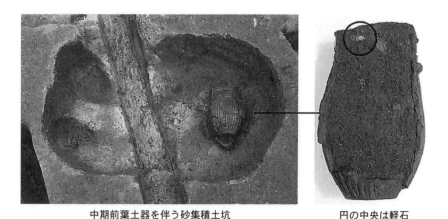

中期前葉土器を伴う砂集積土坑　　　　　円の中央は軽石

図2　新潟市平遺跡の砂集積土坑と砂を詰めた深鉢（白色のものは軽石）

たからなのであろう。そのような広域的な資材流通網の成立、整備もまた定住
生活を支え、維持する為の大きな原動力であった点は間違いない。

5. まとめ

　縄文時代に於ける環境適応という問題を考えた場合、その意味するところは
気候・植生などの変化への対応手段や形態にではなく、自然界にすでに在る多
様な資源の中から有用なものを見出し、或いは開発して生活に役立てることで
あった。石材資源を取り上げれば黒曜石やチャート・頁岩などに加えて、緑色
岩や片岩、水晶やメノウ、碧玉などの石材を新たに資源化しており、土器製作
にあたっては地域ごとに粘土や砂などが有用資源として開発されている。

　もっとも大きく進展した有用資源の開発は、食料となった堅果類や丸木弓や
矢、石斧柄や木製容器に用いられることとなった樹木などの森林へと向けられ
た。各種木質遺物と特定樹種との相関関係は決して漸移的ではなく、定住生活
と相関した前期段階に飛躍的に推進されると共にクリやクルミ、イチイガシに
加えクヌギ、ミズナラ、コナラなどの堅果類を新たに食品リストに加え、本格
的に貯蔵を開始したのもこの段階であった。森林を構成する様々な樹種やその
特徴、堅果類の生育・分布状況などの認知地図（メンタルマップ）には、集落周
辺の粘土採掘場所や川砂の分布、石器石材の産状や河床分布なども加えられた
が、その情報の多くは定住生活のなかで獲得されたものであったに違いない。

　こうした認知地図と共に大きな役割を果たしたのが民俗知（フォークノレッ
ジ）であり、資源の獲得・回収の方法やその利用技術、加工・保存などの詳細
な技術に関する知識もそこに包括される。これまで個々人や世帯単位であった
民俗知は集落内のみならず集落を超えて共有されてゆくが、その契機も特定空
間への複数世帯の継続的居住という定住生活の賜物でもあった。有用資源の開
発とその利用に集約されよう環境適応こそは、或る意味では定住生活が引き金
となり、またはその結果でもあったと言うべきなのかも知れない。

自然科学と考古学の出会い

吉田 邦夫

1977年に理学博士の学位を手にし、日本学術振興会の奨励研究員を経て、東大タンデム加速器の改造に従事した。加速器質量分析（AMS）が出来るように、加速器を改造する作業であった。この時期は、ほとんど肉体労働で、頭は、安全のためにかぶるヘルメットの置き台と化していた。83年の大きな地震で加速器が壊れ、復旧に追われたが、85年に ^{14}C を検出し、AMS法による放射性炭素年代測定を開始した。これが、考古学との馴れ初めだった。考古学年代を決定した資料は、木片・炭化物・泥炭・人骨・歯・貝殻・漆・布・ミイラ・鉄器など、炭素を含んでいるものなら、ほとんどありとあらゆるものを測定してきた。

92年から3年がかりで、AMS法に最適化したタンデム加速器への更新が行われた。

95年には、竹簡の真贋に巻き込まれることになる。中国戦国時代「楚」のものとして売り込まれた物で、中国古代史の重鎮東大M教授が持ち込んできた。その年の春まで、二足のわらじを履いていて、3日間予備校で化学を教え、夜と残り4日は大学で研究に明け暮れていた。4月から大学へ戻り、自分の研究室を開いた時でもあった。測定したところ、本物ならば少なくとも紀元前2〜300年より古いものであるが、真っ赤な偽物、現代の竹であった（吉田 2001・2015）。この結果が報じられると、建物の近くに怪しげな車が止まり、恐い思いをした記憶がある。

ともあれ、95年から東京大学放射性炭素年代測定室助手としての生活が始まる。翌年、科学研究費「土器の製造および使用、さらに伝播についての暦年代」が採択され、研究に自信を持つことになる。さらに、99年から2期にわたって

写真1　初代 AMS 制御盤

資料A　資料B　資料C　　資料1〜3

写真2　「楚」の竹簡

「縄文海進と古代人の適応」（基盤A）が採択され、元素分析計—質量分析計システム、蛍光X線装置を設置することが出来た。この時、明治大学の阿部芳郎先生に研究分担者をお願いしたことから共同研究が始まった。

それまでの経験から、持ち込まれた試料を測定するだけでは限界があることを痛感して、「現場の風を感ずる」方針を実践することになる。北大加藤博文先生が主宰し、慶應大学佐藤孝雄先生と共に参加した2003年にはじまる後期旧石器時代のシベリア調査である。イルクーツク国立大学との共同調査で、学生実習を兼ねた2ヶ月ほどの発掘である。毎年1〜2週間参加し、テントに寝袋暮らし、近くの川が風呂代わりという生活だった。炭化物を採取し、層序の年代を決める作業を繰り返したが、アイスウェッジが切り込んでいたり、小動物の巣穴があったりで、まさに現場に立つことによって、正確な年代を示す測定試料をゲットすることが出来た。このバリショイ・ナリン遺跡では、後期旧石器時代3万年前頃の二層などを確認した。シベリア調査は10年以上続き、現在も研究は続いている。

国内では、火炎土器の年代測定を進めたが、古い年代を示す例が頻出した。海産物を煮炊きしているらしく、土器付着炭化物（おこげ）の元になる食材を推定するために、炭素・窒素同位体分析を始めることとなった。本格的に同位体分析に手を染めるきっかけだった。その基礎データを得るために、模造土器による煮炊き実験を2005年に始め、これも10年近く続けた。この中で、新潟県長

2004.08.02　撮影

写真3　X線CT、土器片の測定・分析

2011.08.20　撮影
写真4　シベリア発掘調査（バリショイ・ナリン遺跡）
イルクーツクの北、およそ150km、ブラーツク貯水池畔に位置する

2011.12.19 撮影

写真5 マリタ遺跡ヴィーナス資料調査
（イルクーツク国立大学資料庫）

写真6 特別展示「アルケオメトリア―考古遺物と美術工芸品を科学の眼で透かし見る―」
（2012年3月3日～6月17日：東京大学総合研究博物館）

写真7 CAMS（コンパクトAMS）
（東京大学総合研究博物館；米国NEC社製）

岡市山下遺跡の発掘などにも参加した。その後、火炎土器だけでなく、縄文時代草創期の越後でも、海産物の寄与が大きいことが明らかになった（Yoshida *et al.* 2013）。

　一方で、明治大学学術フロンティア事業が2006年に始まり、サブプロジェクトの中で、遺物の科学分析についてアイデアはないかと問われ、突然、ストロンチウム同位体比を使って、漆の産地を推定できないかと思いついて研究を始め、科研費をゲットすることが出来た。日本列島産と大陸産の漆を識別することが出来、漆が現地産か流通漆かも区別することが可能になった（吉田ほか2021）。研究のタネは、どこに転がっているかわからないものである。

　2012年の停年退官を控えて、共同研究者とともに進めてきたさまざまな研究課題、年代測定・火炎土器などの縄文土器・古食性分析・漆・シベリア調査などの研究について、集大成となる東京大学総合研究博物館特別展

示「アルケオメトリア展」を開催した（吉田編2012）。

　2015年には、東京大学のAMS年代測定にとって3代目のマシン、放射性炭素年代測定専用のCAMS（コンパクトAMS）を、博物館に導入することができた。東京大学で初めて^{14}Cが検出されてから、ちょうど30年目であった。

II site 遺跡と地域社会

―高度に複雑化した社会と遺跡形成―

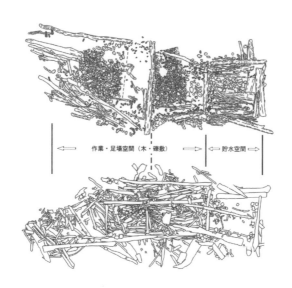

←→ 作業・足場空間（木・礫敷）←→ ←貯水空間⇒

1 岩陰・洞穴遺跡の研究

藤山 龍造

1. 洞穴遺跡と考古学

　現代人が日常生活で洞穴に接する機会は乏しいが、人間と洞穴の関わりは深く、数百万年に及ぶ歴史がある。洞穴内の空間は、天然の岩壁に囲まれるが故に、年間を通じて温度が安定するなど、しばしば居住や野営に役立てられてきた。また、旧石器時代の洞穴壁画や現代の祠に象徴されるように、長きにわたって非日常の空間として選択されてきた（Moyes *ed.* 2014）。一般に、洞穴内の閉塞的な空間では、人間活動の痕跡が重複しやすく、それらが垂直方向に折り重なることも珍しくない。加えて、通常の開地遺跡では有機質資料が遺存しにくいのに対して、洞穴遺跡では良好な状態で保存されやすい。この意味では、洞穴遺跡は情報の宝庫にほかならず、貝塚遺跡や低地遺跡と並んで、先史考古学の展開に大きく貢献してきた。

　現在、日本列島の洞穴遺跡はその全域に及んでおり、総数はおよそ700ヶ所に達している（麻生2001）。これは長年に渡る分布調査の賜物にほかならないが、45万ヶ所を上回る開地遺跡と比べれば、全体のごく一部に過ぎない。通常、これらの洞穴遺跡は、間口に対して奥行きが深い狭義の「洞穴」（grotto、cave、cavern）と奥行きが浅い「岩陰」（rockshelter）に区別される。もっとも、考古学の世界では、両者を別個に取り扱うのではなく、しばしば包括的に議論してきた経緯がある。また、「洞穴」のほかに「洞窟」の表記が見られるが、考古学的には必ずしも明確な差異を含意しているわけではない。いずれにしても、ほとんどの遺跡は100㎡内外に収まるなど、一般的な開地遺跡に比してかなり小規模である。

　日本列島における洞穴遺跡の調査・研究は大正期まで遡るが（柴田 1918）、戦後を迎えて飛躍的な進展を遂げた。なかでも 1950 ～ 60 年代を迎えて、網羅的な遺跡の把握と発掘調査が進められるなど、ひときわ注目を集めるようになった。幾重にも重複する層序が年代の物差しとして役立てられるなど、まさしく洞穴研究の黄金時代であった（日本考古学協会洞穴遺跡調査特別委員会 1967）。その一方で、押し寄せる高度経済成長の波のなかで、開地遺跡の緊急調査が大きなウェイトを占めるようになった。この間、帝釈峡遺跡群発掘調査団や発掘者談話会を中心に地道な調査が進められたが、洞穴遺跡の体系的な調査・研究は、いったんは後景に退くことになった。洞穴遺跡の発掘は個別的、散発的な学術調査に留まりやすく、どうしても浮き沈みは否めなかった。

　こうした盛衰こそあれ、昨今では、あらためて洞穴遺跡の多彩な資料群が脚光を浴びるなど、それらの調査・研究が再燃し始めている。洞穴遺跡ではしばしば古人骨が保存されるため、それらの形質的特徴に加えて、葬送儀礼、社会構造、生活環境などを把握する手掛かりとされてきた。近年では、食性分析や遺伝子解析の手法が定着し、これまで以上に多面的な情報が導き出されている。また、洞穴内に保存された動物遺体や植物遺体は、狩猟採集民の資源開発を直接的に物語ると同時に、人間を取り巻く古環境の復元に役立てられている。ときにはグローバルな環境変化に呼応して、人間社会が再編されてゆく過程すら描き出されるほどである。これらは論点の一端に過ぎないが、今日的な学際研究の舞台として、ふたたび洞穴遺跡に対する関心が高まっている。

2.　ヒトはなぜ洞穴に住んだか

　日本列島では、旧石器時代（先土器時代）に遡る洞穴遺跡は実に乏しく、縄文時代を迎えて急速に洞穴居住が活発化し始める点に特徴がある。なかでも草創期や早期に顕著な活動痕跡が残されるが（八幡 1967）、情報の蓄積が進んだ今日でも、こうした認識は大きな変更を要しない。旧石器時代における洞穴遺跡の稀少性は、調査の不徹底も一因ではあるが（渡辺 2013）、それだけでは特定の時期に急増する背景を説明しきれない。そうした増加は気候寒冷化への

応答とも解釈されたが（山内 1967）、これは今日的な古環境論とは整合しない。むしろ、しばしば強調されるのは、いわゆる「定住化」のなかで、洞穴居住が顕在化したとする考え方である（小林 1997）。これ以外の諸説を含めて、まだまだ充分な検証は尽くされていないため、さらなる追求が必要とされる。

　洞穴遺跡は縄文時代の各時期に渡って残されるが、詳細に検討すると、顕著に増加するタイミングが幾つか見られる。草創期の中頃に第一波が見られるほか、早期の前葉や中葉など、複数の画期が存在する。とくに草創期の中頃には、洞穴遺跡が日本列島の各地で顕在化し、それ以前の乏しさとは対照的である。この時期には、急激な温暖化に呼応して狩猟採集民の生活領域が大幅に縮小し、居住地を点々と移転するそれまでの生活はなりを潜める（藤山 2009）。あわせて山間部を含めた起伏地へ進出するなど、洞穴が存在する空間を生活領域に組み込み始める点（鈴木 1983）はたしかに無視できない。それを「定住化」と呼ぶかどうかは別として、こうした人間生活の転換と歩みを合わせて洞穴居住が顕在化した可能性は充分にある（藤山 2010）。

　一方で、これら人間側の変化とは別に、洞穴の形成・離水という自然側の変化も無視しえない模様である。すなわち、旧石器時代の時点では人間の居住に適した洞穴が乏しく、むしろ縄文時代を迎えて増加した可能性である（麻生 2001）。洞穴遺跡の成因は一様ではないが、近年では、河川の浸食を通じて形成され、離水してゆく過程が詳細に検討されている（西山 2016、辻本 2016）。実際に、草創期や早期の洞穴遺跡を調査すると、最下部に河川氾濫に由来する砂礫層が確認されることがある（藤山 2010）。それらの洞穴が河川の浸食によって形成され、また離水して間もなく、人間の生活の舞台として選択されたことを示唆している。ことの当否はともかく、草創期や早期における洞穴遺跡の顕著な増加をめぐっては、地形発達史を踏まえた議論が不可欠となる。

　こうした洞穴形成のタイミングを視野に入れるとき、更新世から完新世への環境変化はこれまで以上に考慮する必要がある。草創期の中頃や早期前葉における洞穴居住の顕在化をめぐって、それが急激な温暖化と時間的に合致する点は無視できない。温暖化にともなう降水量の増加は、河川の側刻や河床の低

Ⅱ
site

下を促すなど、洞穴の開口や離水に寄与した可能性がある（橋本・矢作2009、矢作2012）。元々、河川流域の洞穴群は特定の標高にまとまるなど、河岸段丘の形成と強く結び付く点が強調されてきた（北備後台地団研1969、八ヶ岳団研1978）。河川水位の低下期と安定期の繰り返しは、洞穴の形成に寄与した可能性が高い。まだまだ仮説の域を脱しないが、こうした洞穴形成・離水の問題を含めて、洞穴居住の顕在化を評価してゆく必要がある。

3.　洞穴遺跡はどのような役割を果たしたか

　洞穴遺跡が果たした役割を評価しようとすれば、否応なく開地遺跡との関係性が問われることになる（江坂ほか1972）。縄文時代を迎えて洞穴遺跡が顕在化するなかで、自然の岩屋が住居として利用された可能性は、かねてより予測されてきた（八幡1967）。たしかに、草創期に洞穴遺跡が顕在化した時点では、石器組成は開地遺跡と大差なく、必ずしも鮮明な機能差は見受けられない。無論、山形県日向洞穴遺跡と同遺跡西地区が示すように、洞内、洞外の空間が一体となって当時の生活を構成していた可能性は高い。本遺跡に限らず、洞穴遺跡の近隣に同時代の洞穴遺跡が残され、あるいは野営地や狩猟地と思しき開地遺跡が残される事例が見られる。さらにマクロに眺めると、高原的な景観や低湿地が近隣に広がるなど、洞穴外の景観を踏まえた理解が不可欠となる。

　早期前葉を迎えると、洞穴遺跡はさらに増加するが、長野県栃原岩陰遺跡や福島県塩喰岩陰遺跡のように、生活痕跡が累々と折り重なった遺跡もある。ときには灰層や焼土を含めた薄層がラミナ状に堆積するなど、幾度にもわたって生活が繰り返された可能性を示唆している。反復居住の痕跡は開地遺跡でも観察されるが（谷口1998）、そうした居住形態と連動して洞穴遺跡に類似した痕跡が残された模様である。これらの洞穴遺跡では、しばしば石鏃を中心とした狩猟具が卓越するなど、狩猟活動に重きを置いていた可能性が指摘されている（山内1995）。ただし、塩喰岩陰遺跡のように、オニグルミの破片が数多く出土し、同時に磨石や石皿が目立つ遺跡も知られている。洞穴遺跡の役割を一義的に評価しうるか定かではないが、開地遺跡との機能差が問われるわけである。

写真 1　山形県日向洞穴遺跡（栗島撮影）　写真 2　長野県栃原岩陰遺跡（栗島撮影）

　洞穴遺跡の調査では、しばしば人骨が良好に保存されるが、とくに早期中葉を迎えると、そうした事例が顕著に増加し始める。この時期には、洞穴の奥壁を中心に人骨を埋葬した痕跡が、東北日本から九州に至る広い範囲で報告されている。なかには複数の人骨が集積された事例が見受けられるなど、洞穴が埋葬の空間として確立したことを示唆している（谷口ほか 2019）。遺骸を切断する独自の習俗を含めて、早期中葉は一つの転換点と位置付けられるが、洞穴が墓地に特化するわけではない。長崎県岩下洞穴遺跡や大分県二日市洞穴遺跡では、炉址や集石などの生活痕跡が人骨と分離して配置されるなど、洞内の空間が分節化されていた可能性もある。そうした洞穴遺跡の空間構造を含めて、洞穴の利用は大きく変化したことが窺い知れる。

　こうして早期まで生活痕跡がよく残された遺跡であっても、前期以降の生活痕跡は往々にして稀薄である。必然的に洞穴居住が低調化する背景が問われるが、ここでも開地遺跡の動向は無視できない（栗島 1997）。とくに、環状集落を含めた大規模集落の形成は無視し難く、そうした居住形態や集団規模の増大と連動した現象と理解されている。その後、ふたたび後期や晩期に活動痕跡が目立ち始めるが、開地遺跡と洞穴遺跡の差異性はそれまで以上に鮮明になってゆく。狩猟具の卓越、土偶や石棒の欠落に加えて、土器群の構成にも開地遺跡との差異が見出されるほどである（綿田 2010）。洞穴遺跡の利用実態は多様で

あったと見込まれるが（石丸 2007）、拠点的な集落遺跡との空間的な分化はいよいよ明瞭になってゆく。

4. 洞穴遺跡と今後の展望

　以上の論点に限らず、洞穴遺跡の多彩な資料群は、狩猟採集社会の複雑性を突き詰めるための貴重な手掛かりにほかならない。新潟県小瀬ヶ沢洞穴遺跡のように、日本列島で越冬する渡り鳥が出土するなど、動物種の構成が洞穴居住の季節性を示唆するケースもある。本遺跡ではウミガメの存在が知られるが、これ以外にも海浜部との接触ないし往来を示唆する遺跡は少なくない。これらは洞穴居住の実態把握に向けた重要な情報源であるが、あいにく資料群の全貌が不明な遺跡が目立っている。そうした基礎データの欠如は大きな障壁であるが、愛媛県上黒岩岩陰遺跡や栃原岩陰遺跡のように、かつての調査成果の再検討は着実に進んでいる。基準資料の見直しは今後の議論を大きく左右するため、新たな資料の蓄積とは別に、引き続き取り組むべき課題である。

　このように洞穴遺跡は幾多の可能性を秘めているが、それらの形成過程は実に悩ましい問題である。基本的に、洞穴内の堆積物は年代順に垂直方向に折り重なってゆくが、生活空間が限定されるが故の難しさがある。後世の掘削や整地、あるいは清掃などを通じて、それ以前の活動痕跡はかき乱され、あるいは破壊されやすい。また、雨水や流水に由来する資料の流入、流出が発生するばかりか、洞穴を住処とする動物によって、人間活動の痕跡は変形を被ることになる。さらに、しばしば見られる落盤層は土層の均等な堆積を妨げるうえ、その空隙を通じて考古資料の上下動が発生しかねない。こうした複雑な過程をどこまで把握し、整理できるかによって、考古資料の理解は否応なく影響を受けるわけである。

　近年では、洞穴遺跡の複雑な形成過程を理解すべく、土壌微細形態学が役立てられている（Nicosia and Stoops *eds,* 2017）。土壌の薄片を作成し、顕微鏡下で微細な構造を観察することで、堆積物の由来や累重の過程、人為的、自然的な攪乱を把握する試みである。実際に、こうした手法を通じて、洞穴内の堆積

物とその形成史を復元した試みは幾つも見られる（Goldberg *et al.* 2007）。肉眼レベルでは把握しにくい敷物や微弱な炉址が示唆されるなど、生活面の推定に寄与した事例すらある（Goldberg *et al.* 2009）。日本列島では適用事例が限られるが、洞穴遺跡における人間および自然の営為の把握に役立つと期待される。これ以外にも、現代的な手法や観点を通じて新たな情報が導き出され得るため、サンプリングを含めたリサーチデザインの構築が重要となる。

　こうして考えてみると、洞穴遺跡はこれまで想定されてきた以上に豊富な情報を秘めている模様である。これに関連して、洞穴内にはしばしば巨礫を含めた落盤層が形成されるなど、それが円滑な発掘を妨げることも珍しくない。この意味では落盤層は障害にほかならないが、同時に人間やそれを取り巻く自然の営為を記録している可能性が高い。人間の焚火を通じて岩盤表面が劣化・剝離した可能性は早くから指摘されてきたが（八幡 1967）、近年では地震災害に由来する可能性も見通されている（白石 2014）。新潟県黒姫洞穴遺跡では草創期末〜早期初頭に先立つ顕著な落盤層が確認され、それが広域的な自然災害の結果と解釈されている。これは一例に過ぎないが、我々の問い掛けに応じて、洞穴遺跡はまだまだ有益な情報をもたらすに違いない。

II

site

2 住居址・集落・墓・貯蔵穴

奈良 忠寿

1. 住居の出現と定住

　日本列島における人類の活動では、縄文時代になって初めて住まいの痕跡が普遍的に確認されるようになる。それは、最終氷期後の環境変動に適応した結果であり、定住として縄文時代の特質の一つとされる。

　定住と食糧の貯蔵は強い関連があるとされる。食料の貯蔵を考古学的に把握する資料は、堅果類を貯蔵した貯蔵穴が中心となる。住居跡は草創期後半以降各地で認められるようになるが、貯蔵穴も同様である。住居跡の多さや環状集落の出現と貯蔵穴の多さや容積にはある程度の相関関係があることが示されている（坂口 2003、塚本 2016）。

2. 住居や集落から読み取る生活と社会

　縄文時代早期末以降、住居跡がとくに集中し環状にめぐる環状集落が成立し、中期の関東・中部地方にはとくに集中する。関東地方武蔵野台地に位置する自由学園南遺跡もその一つで（自由学園遺跡調査団 2005）、周辺には小山台遺跡第Ⅱ次調査地点（東久留米市教育委員会 1997）など、同時期の小規模集落が点在する。

　環状集落では、住居の重複や建て替えが行われた住居跡が多く見つかる。炉はよく焼けており、床面も固く踏みしめられている点から、長期間使われたことがよみとれる。環状集落では土地の反復利用の頻度も高い。反復利用は居住だけでなく、竪穴住居廃絶後のくぼ地での廃棄行為・儀礼行為や墓の構築など様々だが、土器片の分布状況や接合関係から活動とその前後関係が復元される。

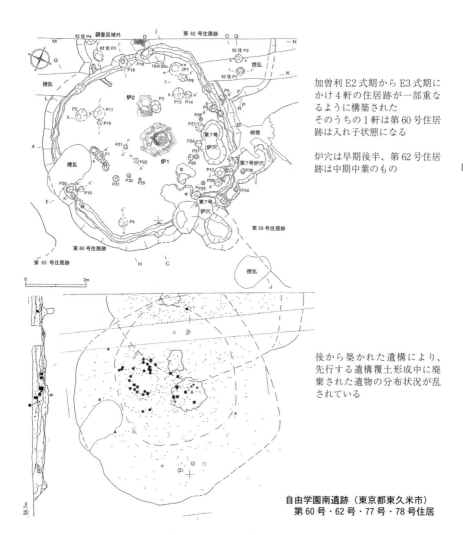

加曽利 E2 式期から E3 式期にかけ 4 軒の住居跡が一部重なるように構築された
そのうちの 1 軒は第 60 号住居跡は入れ子状態になる

炉穴は早期後半、第 62 号住居跡は中期中葉のもの

Ⅱ
site

後から築かれた遺構により、先行する遺構覆土形成中に廃棄された遺物の分布状況が乱されている

自由学園南遺跡（東京都東久留米市）
第 60 号・62 号・77 号・78 号住居

図 1　一部重なるように重複する竪穴住居跡

　遺構の組み合わせやその場所での活動の長短・強弱は、食糧そのほかの資源利用形態を反映する。ある地域の遺跡の、規模と遺構の種類、遺物量や組成を時期別にみれば、人類活動の消長や特徴が明らかとなる。さらに人類の様々な

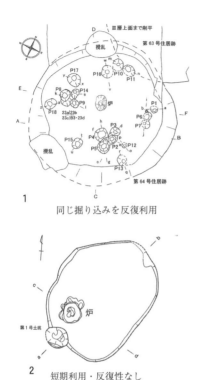

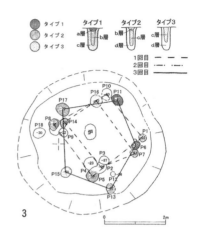

1　同じ掘り込みを反復利用

2　短期利用・反復性なし

住居跡の付属施設、改築や重複の様相の違いから、遺跡における活動の反復の頻度や移動性の強弱が判断できる

1. 自由学園南遺跡（東京都東久米市）
   第60号住居跡（中期中葉・勝坂2式期）
2. 小山台遺跡（東京都東久米市）
   第5号住居跡（中期後葉・加曽利E3式期）
3. 第64号住居跡の柱穴の組み合わせ

図2　同じ掘り込みを繰り返し利用した住居と柱穴が見つからない住居

　活動の結果に対応される形で残された遺構や遺物のあり方から遺跡を類型化し、遺跡群を人類の生活のためのシステムとして構造的に捉えていくセトルメント・パターン論（小林1973）を援用すれば遺跡の関係性も鮮明となる。

　小林謙一は、遺構から出土する土器の接合関係や遺構の切りあい関係などを用いて既存の土器型式や細別段階ではとらえきれない集落景観の細かな時間的まとまりを「フェイズ」として捉えようとした（小林・大野1999）。

　生活の復元だけでなく、環状集落の形状、重帯構造や分節構造に何らかの社会規範や縄文人の思想が表象されていると考え、縄文社会を読み解こうとする研究が多く行われてきた（谷口2005など）。竪穴住居跡の柱穴配置などから設

II

site

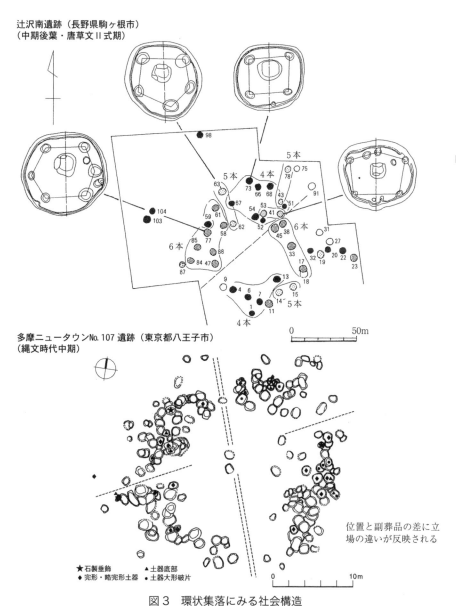

辻沢南遺跡（長野県駒ヶ根市）
（中期後葉・唐草文II式期）

多摩ニュータウンNo.107遺跡（東京都八王子市）
（縄文時代中期）

位置と副葬品の差に立
場の違いが反映される

★石製垂飾　　▲土器底部
◆完形・略完形土器　・土器大形破片

図3　環状集落にみる社会構造
上：住居型式からみた環状集落（櫛原2009に加筆）下：墓域の分節構造（谷口2004に加筆）

定される住居型式でも環状集落の構造が読み解かれる（櫛原 1994）。

　ヒスイ・黒曜石など産地が限られた遺物、威信材や祭祀に関する遺物は大規模環状集落に多く出土する傾向がある。環状集落の中心部に墓壙にヒスイなど装身具が副葬されるものがある。墓の位置や副葬品の差を読み取れば、集団のなかでの社会的立場・地位の違いをとらえることも可能となる（栗島 2019a）。

3．多様な集落・住居・墓・貯蔵穴

　住居や集落、貯蔵穴の形態や立地、反復利用の状況は時代や地域によって多様である。環状集落に限っても、分帯構造は時期や地域によって異なる。西南関東では住居帯の内側に土壙墓群が形成されるが、高根木戸遺跡のような東京湾沿岸の貝塚遺跡では貯蔵穴群が形成され、廃屋墓とともに土壙墓は分散する傾向がある。東北地方では、縄文時代前期から中期に顕著な「ロングハウス」とも呼ばれる大形住居や掘立柱建物が環状構造を示す（酒井 2009）。関西地方では縄文時代を通じて環状集落のような求心的な集落構造ではなく、住居が1・2軒といった小規模で分散的な居住形態が主に採用される（瀬口 2009）。

　貯蔵穴や墓は、内容物や副葬品がない場合「土坑」と一括されることが多いが、形状から一定の区別が可能であり、武蔵野台地と下総台地の土坑の形状と数量の違いには、石器組成と同様に生業の違いとの関連が考えられた（渡邊 2014）。

　貯蔵穴は集落内だけでなく、離れた地点にも造られる。それは居住に適さない低湿地型の貯蔵穴群だけでなく、台地上に残された乾燥型の貯蔵穴もある。

　関東地方では、中期末に大規模環状集落が消滅したのち、後期には配石をもつ墓が出現し、集団関係や社会状況の変化を示すとされる（谷口 2017）。

　集落研究では社会構造の解明と共に、集落での活動期間の長さなどの定住性が研究の焦点となっている。環状集落では住居跡・貯蔵穴・墓が重帯構造をもち、重複して多く残される。土器型式で区分しても分帯や重帯構造が崩れないため、集落は長期間安定的に維持され、集団の社会構造が表れていると考えてきた。

　しかし、1970 年代半ば以降、遺物の出土位置をすべて記録し取り上げるような「全点ドット方式」で大規模集落を実証的の調査・分析し、土器の細分を進めていくと、大規模環状集落も小規模集落と変わらなくなるという成果が次々と示され論争となった。同時存在住居は 1 〜 2 軒が普遍的という（黒尾 2011 など）が、同じ地点を回帰的に利用しただけで、結果的に社会構造を示す環状集落が形成されるのか、その仕組みを遺跡・遺構から読み解くことが課題となる。

　集落の反復利用の間隔や移動性／定着性を住居跡の重複の様相や覆土形成過程から検討する試みもみられる（小林 2008・2009、小川 2009 など）。包含層中の遺物量やまとまり、微細な炭化材片などや包含層自体の形成も、掘り込みが捉えられない住居跡やその場所の活動頻度を把握する指標となる。

　竪穴住居、平地住居、大形住居、掘立柱建物といった住居の形態、集落形態や貯蔵穴・墓の形状や立地の多様性は、環境に対する人類の多様な適応行動ならびに社会構造を示している。

　現在、縄文時代の資源管理が注目されるが、集落研究が示す小規模性や移動性の高さと資源管理の関係理解には、反復利用や季節的な移動を組み合わせた定住の解明が一つの鍵を握る。また、一時的集落景観の復元では情報量が多い住居跡が重視され、墓や貯蔵穴など他の遺構はその細かな時間幅に分けきれていないという課題、居住地と墓・貯蔵空間が別個に存在する場合、遺跡間の関係性を実証的にどうとらえるのかという課題もある。遺跡群を「横切り」し、理科学的年代測定による年代把握と共に、多摩ニュータウン遺跡の集落遺跡と粘土採掘坑で判明したような遺跡間接合例（及川・山本 2001）が増えるとよい。

　縄文時代は、巨視的には住居跡や貯蔵穴の出現による定着性の向上、領域内資源利用の促進と集落遺跡の密集に伴い、分節構造や墓・副葬品の差に表れるような社会の複雑化が進んでいったように見える。しかし、社会複雑化のプロセスは地域によって多様であり統一的にかつ単純に把握することは難しい（山田 2018）。まず、地域ごとの多様性を具体的に明らかにすることが必要である。

洞穴の発掘

横尾 昌樹

縄文文化の影響を受けつつも独自の貝塚文化を形成していた沖縄諸島には、隆起したサンゴ礁からなる石灰岩台地に洞穴が数多く存在する。

石灰岩洞穴では形成過程や堆積環境などによって動物骨化石や人骨化石が良好な状態で保存されていることがあり、1960年代から旧石器時代化石の発見を目的とした洞穴調査が行われ、約20,000年前（18000BP）の港川人骨を代表とする数多くの発見があった。同じ頃、藪地島の藪地洞穴遺跡と奄美大島の土浜イヤンヤ洞窟遺跡の発掘調査（國分・三島 1965）により、現在の琉球列島の土器編年の最古段階に位置づけられる約7,000年前（6000BP）の南島爪形文土器が発見された。しかし、その後、両時代間の人骨や遺物が確認されず、旧石器時代までの約13,000年は「空白の時代」とされてきた。

このようななか近年の発掘調査などにより、空白を埋める土器資料が発見されはじめ、その文化様相について議論が行われている（沖縄考古学会 2017）。その資料の一つに私が調査を担当した藪地洞穴遺跡がある。前述のように南島爪形文土器が最初に発見された遺跡であり、調査は遺跡の重要性を再確認す

写真 1　藪地洞穴遺跡の全景

るために行われた（うるま市教育委員会 2019）。

洞穴がある藪地島は約0.62㎢の小さな島で、現在は本島側から架けられた橋でわたることができる。無人島とされるが、一部サトウキビ畑などで利用され、島の中央には未舗装の道路が約1.5km走り、洞穴はこの道路の終着点にある。洞穴はガジュマルなどの亜熱帯植物群の中にあり、広い前庭部には木漏れ日が差し込む。洞口は約10m幅で開き、洞内は北に向け25mほど広い空間があり、その先はすぼまり行き止まりとなる。遺跡はこの広い空間に形成されている。

調査では洞穴の空間利用を知るために、洞穴内と前庭部に合計5ヶ所のトレンチを設定した。洞穴は天井の庇部にあたる雨だれラインを境に洞内外に分かれる住み分けがあるとされるが、調査では洞内の南島爪形文土器包含層が雨だれラインを境に裁ち切れ、後続する時代の包含層へと変わり堆積していたため、南島爪形文土器期の前庭部の利用についてはわからなかった。

洞内の開口部は生活の利用度が高かったこ

とが想定され、調査を進める中で、平面分布で灰の集中や地表面の被熱を確認した。これらは炉からの灰の掻き出しや地面のならしなどが行われた痕跡と考えられる。

また、地上から約80cm掘り下げ検出した南島爪形文土器の包含層は、おびただしい量の南島爪形文土器の破片が密集した約15cmの厚さの土器層であった。この土器片の座標をとりながら取り上げる作業には時間がかかったが、原位置を保った状態で検出されることは貴重であり、この厚い土器層の土器間の関係を探る上では重要な作業であった。そして土器層を掘りきると下層には南島爪形文土器とは異なる厚手の土器がまとまって出土し、「空白の時代」にあたる土器群との層位的上下関係を捉えることができた。

洞穴奥の調査区では、地表下約80cmで無文の土器片や波状文を巡らせた土器とともにハイガイ、シレナシジミ、カキ、イノシシ骨などの自然遺物が出土し、これらが一面に出土する様相は貝塚のようであった。この層の暦年較正年代は「空白の時代」とされる約

写真3　洞穴内部の様子

10,400〜10,200年前の年代が得られたが、開口部との時間的な連続性と洞穴内の空間利用の把握が課題である。そして、まだ最下層には到達していないため新たな文化層の存在が期待される。

私は洞穴遺跡を担当したのは今回が初めてであったが、地層の残りも良く遺跡に恵まれた。発掘調査を通し、遺物の原位置を捉え、包含層を観察し、層位学的検討を行うことは至極当たり前のことであるが、今回の調査ではこの工程が新たな時代を構築していくための重要な作業であることを改めて実感した。発掘調査に真正面から向き合うことができた貴重な調査であった。

写真2　開口部トレンチの堆積状況

写真4　洞穴奥部の貝塚

貝塚の調査

西野 雅人

貝塚との出会い 大学入学の年、後藤和民の貝塚論と加曽利貝塚博物館の展示に魅せられて貝塚に興味をもち、市原市西広貝塚第4次調査（1982・1983年）に参加させていただいた。貝層断面図をもとに層ごとに貝殻を箱に入れていくと骨や骨角器が顔を出す。まさにタイムカプセルを感じ、魅力に取りつかれた。とても緊張していて、寡黙な学生だったが、調査の場や懇親会で多くの先輩方が話しかけてくれた。メンバーになれたような喜びが、現在までこの世界に関わることになったきっかけだったと思う。

西広貝塚では、千葉県内の大規模な貝層の調査としては唯一、貝層を悉皆サンプリングする方法が採用されており、毎週運ばれてくる新品の整理箱は次々と貝で満たされていき、ついに4万箱に達した。そのまま昭和の貝塚になるのではないかと噂されていたが、市原市に就職した忍澤成視さん、鶴岡英一さんらによってすべて水洗・選別が行われ、多量の骨角歯牙貝製品が採集された。

イボキサゴ 後藤論の中心は、"大型貝塚＝干貝加工場説"である（後藤1973）。なぜ大型貝塚が千葉に集中したのか、大量の貝を消費したのかを明快に説明したもので、千葉市内の貝塚・集落の動向をもとにその根拠を示したのが千葉市史（1974）、実物を示した加曽利貝塚博物館の常設展示「東京湾沿岸の貝塚文化」だった。わたしは学説と展示に心酔していたが、ガラガラと崩れてしまう大量のイボキサゴに素朴な疑問をもった。こんなに小さな貝を本当に干貝にしたのか、身を取り出して食べたのか。この質問には、何でも教えてくれる先輩方が困っていたが、有名な後藤説に疑問をもつ人も以外に多いことを知った。おそらくイボキサゴ主体の貝塚を発掘した人の多くが、同様の疑問をもち、大型貝塚の貝は「大きい」という後藤の説明が正確でないことを感じていただろう。ただ、反論できるような具体的なデータはまだ存在しなかった。

動物遺体の種を同定しサイズを計測することは貝塚調査の基本的作業であり、動物資源と人との関わり方、生業と食の内容を復元することをおもな目的としている。すでに方法は確立されていたが、報告書などが刊行されてデータが蓄積されるようになったのは1980年代以降であった。

貝サンプルの分析 千葉県文化財センターに就職すると、中期の大型貝塚である千葉市有吉北貝塚などの整理作業を担当した。採取した貝サンプルの量は、調査した貝層からみるとわずかな割合だが、分析に膨大な時間と費用を要した。たくさんの貝を数え、大きさを測ってなにがわかるのか、という疑問の声もあったが、具体的な数字から大型貝塚の謎

を解く手がかりが見えてきた。同定個体数140万点強のうち、86.3％がイボキサゴ、8.9％がハマグリだった。ハマグリの大きさ（殻長）の平均は31.5mmであり、貝殻成長線分析によって1.5歳くらいまでに多くが採取されていることがわかった。大型貝塚の貝は小さかったのである。時期ごとにみると、貝種組成に変化はないが、ハマグリの大きさはかなり変化していた。漁が盛んになると採取圧で大きな個体がいなくなる。資源量が減少した時期には、かごを使って行うイボキサゴ漁で混獲したハマグリの幼貝を海にリリースしていることがわかった。採取圧のかかり方は貝種間に差が見られた。ハマグリは小さくても採るが、アサリやシオフキはやや大き目なら採る、オキシジミはとくに大きいものだけ採っていた。縄文人の好みを数値から読み取ることができたのである。他の遺物からは迫りにくい具体的な情報が見えることは関心を呼び、遺跡から貝が出たらサンプルを採取してくれる職員が増えていった。

　社会がみえることも　1990年代後半からは、データの蓄積に伴って遺跡間・水系間の比較が行われはじめた。集落群の分布や変遷、集落構造などの情報と組み合わせることによって、文化や社会の様々な側面も見えることがわかってきた。

　都川水系は、東京湾東岸の「貝塚地帯」のなかでは流域面積が広く、中期には10ヶ所の大型貝塚集落が存在した。そのため、貝類の漁場を多くの集落が共同利用していたと考えら

写真1　有吉北貝塚のイボキサゴとハマグリ

れる。前に触れた有吉北貝塚の場合、元々一つの集落だった2つの集団が独占的に利用する状況にあったから、資源管理が可能だったのであろう。これに対し、都川水系の加曽利貝塚では、集落後半期には資源の減少をまねく幼貝の採取が行われていた（樋泉1999）。近年、都川水系の貝塚の貝の分析を継続して行っており、その結果、①おもに利用する貝種や持ち込んではいけない貝種の取り決めがあったこと、②複数の集落によるハマグリの乱獲が資源の減少を招き、これまで食習慣のなかった貝を利用するようになったこと、などを知ることができた。集落間の取り決めが破綻していく様は、中期大型貝塚群がなぜ消滅したかという大きな謎に迫る成果となると期待される。

　貝類や動物骨に関する資料、比較可能なデータの蓄積は目覚ましいが、詳細な観察や比較分析が行われた例は少なく、充分活用されていない。報告書に掲載した動物骨や貝サンプルは保管されているので、ぜひ多くの研究者、学生に使っていただきたい。

3 原産地に残された遺跡群

大竹 幸恵・絹川 一徳

〈鷹山遺跡群：黒曜石原産地の開発〉

1．旧石器時代の黒曜石原産地鷹山遺跡群

　本州最大規模といわれる長野県霧ヶ峰高原に集中する黒曜石の原産地は、約3万年を遡る旧石器時代にその利用が始まった。この一画にある鷹山地区星糞峠の黒曜石は、近年の地質学的な調査から、和田峠の噴火の際に発生した火砕流に伴ってこの地に流れ着いたものと考えられている。

　旧石器時代の黒曜石原産地鷹山遺跡群は、この星糞峠の直下を流れる鷹山川

写真 1　和田峠南東、三の又沢地点で確認された黒曜石原石を含む火砕流堆積層

に崩落した黒曜石原石をめぐり、特定の石器製作工程や器種に特化した大規模な遺跡と、盆地状の鷹山地区から周辺地域へと抜ける川沿い、または尾根筋上に点々と残る小規模な遺跡から構成されている。

　現時点で確認されている原産地直下に密集する遺跡群は、その多くが旧石器時代後半の槍先形尖頭器を製作する遺跡である。石器製作ブロックの全容が解明された鷹山第Ⅰ遺跡S地点では、鷹山川の河床で入手できるやや小型の原石から槍先形尖頭器を集中的に製作し、製品を周辺地域へと持ち出していた。原産地側の遺跡に残る大量の未製品は、連続する敲打によって破損が伴う石器製作工程のリスクを、資源が豊富な原産地側で解消する当時の方策を示している。

　一方、この原産地遺跡群の口元には、約3万年前の台形様石器から終末期の細石器の時期に渡って利用された、5つの文化層からなる追分遺跡がある。遺跡の規模は原産地直下の遺跡群に次ぐ大きさである。その最下部の第5文化層

写真2　黒曜石原産地鷹山遺跡群の全容（長野県小県郡長和町）

では、鷹山川河床で採取された原石と共に、大型の原石を分割するようにして得られた石核素材が数多く持ち込まれていた。

　原産地から搬出された黒曜石は、継続的に消費されていった産出地の石材資源事情と、石器製作自体の特色によって変遷していったことがわかる。

2.　縄文時代の星糞峠黒曜石原産地遺跡

　縄文時代になると、鷹山川河床における黒曜石資源の枯渇に伴い、星糞峠の鞍部から東側の虫倉山斜面一帯で黒曜石の採掘活動が展開する。

　採掘址群の中腹に位置する第1号採掘址では、縄文時代早期末から山の斜面を階段状に切り崩す大規模な採掘活動が始まり、時を経た縄文時代後期に、同じ地点で竪坑を掘り込む採掘活動が幾度も繰り返されていた。後期に掘り返された採掘排土の堆積は最大で5mを超え、採掘排土に挟まれて4面からなる採掘当時の旧地表面が検出された。この地表面には、いずれも加曽利B1式土器

写真3　縄文時代後期の旧地表面から掘り込まれた竪坑と黒曜石を含む白色火山灰層

が伴っており、同一型式の時間幅で執拗に黒曜石を求めていたことがわかる。湧水の影響で粘質化した白色火山灰層を集中的に掘り込んだ採掘址の斜面上方では、掘り捨てた土砂の崩落を防ぐ木製の防護柵も構築され、その周囲では採掘活動に伴う儀礼的な行為が行われていた。縄文時代早期末は、原産地の麓の地域で住居址を伴う集落が登場する時期である。一方、後期は集落数が激減する時期である。広域に流通する黒曜石資源の生産は、この変革期を支える社会的な資源として重要な役割を担っていたのではないだろうか。 （大竹幸恵）

Ⅱ

site

〈二上山：サヌカイトの利用と原産地遺跡〉

1．サヌカイトとは

サヌカイトは中期中新世（1500～1300万年前）に生成された瀬戸内火山岩類を特徴づける岩石で、無斑晶質でマグネシウムを豊富に含んだガラス質石基の古銅輝石安山岩である。標式となる産出地は香川県五色台・城山一帯と奈良県二上山、佐賀県鬼ノ鼻山など、中央構造線の北側で瀬戸内海に沿った地域に同類・近縁の火山岩が分布している。ちなみに「サヌカイト」の名称は、由来となった香川県（讃岐）産のものに限定して、それ以外は「サヌキトイド」と呼ぶという意見があるが、考古学的には二上山産のものも含めて慣例的に「サヌカイト」と呼んでいる。

2．二上山産サヌカイトと原産地遺跡

二上山産サヌカイトには春日山と石マクリの2つの生成地がある（図1）。春日山の山体周辺には株山・石万尾第1地点と穴虫峠第1～3地点遺跡などがあり、前者にはサヌカイト採掘抗（縄文～弥生時代）が見つかっており、サヌカ

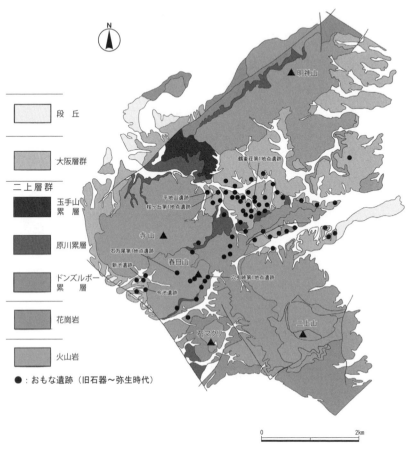

図1　二上山の地質とおもな遺跡

イトが岩脈として存在する。また、大阪府側の春日山西麓の斜面地に新池・今
池・穴ケ谷遺跡などがあり、崖錐性堆積物に含まれるサヌカイト礫が利用され
ている。奈良県側の春日山北東側の関谷丘陵（奈良県香芝市）では、大阪層群
（前・中期更新世）と二上層群（中期中新世）の一部に崖錐性堆積物から流出し
たサヌカイト礫が含まれており、二次堆積した転礫が石器石材として利用され

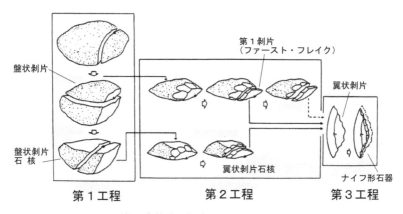

第1剥片
（ファースト・フレイク）

盤状剥片

翼状剥片

盤状剥片
石 核

翼状剥片石核

ナイフ形石器

第1工程　　　　　第2工程　　　　　第3工程

図2　瀬戸内技法の概念図（松藤和人 2007 による）

ている。この転礫を採掘した縄文〜弥生時代の土坑が平地山遺跡（香芝市教育
委員会編 2007）などで見つかっている。もう1つの生成地の石マクリでは、サ
ヌカイトは崖錐性堆積物として認められるが、流理構造が顕著な角礫が多く石
器石材として利用されることは少ないという（佐藤 2007）。

　二上山が石器石材の原産地で、弥生時代の石槍製作遺跡が存在することは戦
前から樋口清之によって指摘されていた（樋口 1931）。その後、1956・57年に
奈良県立橿原考古学研究所による二上山文化総合調査、さらに同志社大学旧
石器文化談話会を中心に継続的な踏査が実施された結果、二上山麓一帯に旧石
器〜弥生時代の原産地遺跡が存在することが明らかとなった（同志社大学旧石
器文化談話会 1974）。二上山北麓では、これまでに70ヶ所以上の先史時代の遺
跡が発見されている。とくに桜ヶ丘第1地点遺跡（奈良県立橿原考古学研究所編
1979）、鶴峯荘第1地点遺跡（佐藤ほか編 2004）などは発掘調査によって、後期
旧石器時代後半に盛行する瀬戸内技法（図2）という石器製作技術を基盤とす
る国府石器群の代表的な原産地遺跡として知られている。なお、鶴峯荘では露
頭を掘削した旧石器時代のサヌカイト採掘跡が見つかっている。

３．旧石器時代における二上山産サヌカイトの原産地利用

　二上山産サヌカイトの利用は後期旧石器時代前半期から始まるが、後半期になると大阪平野を中心に遺跡数が急増し、二上山産サヌカイトの分布圏も近畿地方のほぼ全域に広がる。原産地から半径 100km 前後の範囲である。

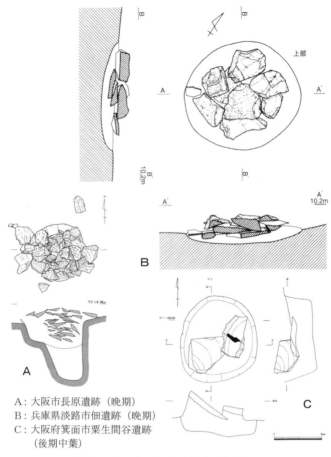

A：大阪市長原遺跡（晩期）
B：兵庫県淡路市佃遺跡（晩期）
C：大阪府箕面市粟生間谷遺跡
　　（後期中葉）

図３　サヌカイト大型剥片の集積土坑

　旧石器時代の原産地利用は、旧石器人がベースキャンプを移動しながら日常的な生業エリアと広域な物資調達エリアを行き来する遊動生活の中で、移動ルートの途中で原産地の立ち寄りとサヌカイトの獲得を組み込んだ「直接入手」によるものと考えられている。なかでも瀬戸内技法による国府型ナイフ形石器の製作は、運搬コストを軽減するために原産地周辺で集中製作を行い、完成品・半成品の状態で搬出するような方法が採られていた。「直接入手」という原産地の利用条件に即した効率的な石器製作が行われていた。

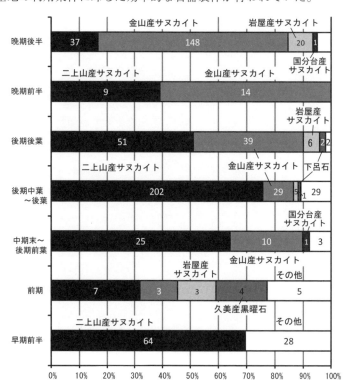

図4　近畿地方における縄文時代の石器石材原産地の構成比
（使用したデータは（田部2003）の集成による）
29遺跡（遺構・包含層単位、肉眼観察による剝片石器の内訳）で総計762点である。前期は資料数が少ない。一般的な傾向として、近畿地方では縄文時代後期以降に香川県金山産サヌカイトの比率が増加する。

4．縄文時代における二上山産サヌカイトの原産地利用

　縄文時代も近畿地方の全域に二上山産サヌカイトが供給された。滋賀・三重県の原産地から離れた遺跡でも石器石材のほとんどがサヌカイトになる。その供給範囲は旧石器時代よりも確実に広く、より安定したサヌカイトの供給システムが成立していた。

　近畿地方における縄文時代の基本的な集落構成は、晩期に至るまで数棟からなる小規模なものであったと考えられている（矢野 2001・大野 2011）が、縄文時代後期には貝塚や落とし穴、貯蔵穴などの出現・増加とともに食糧資源の多角化が進み、縄文人の生業領域が安定し遺跡数が増大する。

　このような変化を経て互酬性に基づく集落間ネットワークが安定化したことで、交換財として二上山産サヌカイトの「間接入手」も容易になったとみられる。後・晩期に各地でみられるサヌカイト大型剥片の集積土坑（図3）は、日常的なサヌカイト供給が大型剥片の単位で行われていたことを示している。また、運搬コストを軽減するため、縄文時代には海上・河川系を利用した水上運搬も盛んに行われた。近畿地方において後期以降に急増する香川県金山産サヌカイトの利用も海上運搬を介したネットワークにより、二上山産サヌカイトと同様、運搬コストが低減し「間接入手」が容易になったことを反映している（図4）。

（絹川一徳）

4 低地の遺跡
─低地に残された木組遺構とは？─

栗島 義明

1. はじめに

　近年の縄文時代研究を牽引する、もっとも注目される分野が様々な有機質遺物群の発見とその分析成果にある点は疑いのない事実と言えよう。これまでのステレオタイプ的な遺跡概念からすれば、遺跡とは南向きの平坦な台地上に形成された集落跡のみを指してきたが、そのような集落に隣接した低湿地部にも発掘調査が及んだことで、腐食を免れた黒・赤漆で彩色された皿・鉢などの木製容器や丸木弓・石斧柄など木工品などの有機質遺物、さらに湧水を利用した木組みなどの遺構群が相次いで発見されている。遺跡認識が低地部に展開された生業空間をも包括するように拡大された今日、これまでの土器・石器から復元されてきた無機質とも言える縄文時代の生活・文化が、彩り豊かな多種多様の道具に囲まれた有機質の世界として捉え直されつつあると言えるであろう。

2. 新たな発見

　今から百年程前の1920年代、低地遺跡の嚆矢として学史的にも著名な青森県是川中居遺跡や埼玉県真福寺貝塚遺跡が調査され、低地部に堆積した泥炭層中から食料となったクリ、クルミ、トチと共に漆塗の丸木弓や木製容器、藍胎漆器などの豊富な植物質遺物が発見された。その後、低地部の豊富な植物性遺物群に改めて研究者の目が向けられたのは、1972年以後、断続的な調査が実施され「縄文のタイムカプセル」とも称された福井県鳥浜貝塚の成果によるところが大きい。これが契機となって列島各地で低地遺跡の調査が実施され、縄文時代の生活感あふれる豊かな物質文化の存在が明らかとなってゆく。ちなみに代

写真1　是川遺跡の遺物出土状態（上）と出土遺物
（右上：木胎漆器、右下：藍胎漆器、是川縄文館所蔵）

表的な低地遺跡の調査事例をまとめるならば、以下のとおりである。

○ 1970 年代…福井県鳥浜貝塚、埼玉県寿能遺跡

○ 1980 年代…埼玉県赤山陣屋跡遺跡、北海道忍路土場遺跡、山形県押出遺
跡、岩手県萪内遺跡、福島県荒屋敷遺跡、富山県桜町遺跡

○ 1990 年代…青森県三内丸山遺跡、栃木県寺野東遺跡、神奈川県羽根尾貝
塚、山形県高瀬山遺跡

○ 2000 年代…東京都下宅部遺跡、新潟県青田遺跡、富山県桜町遺跡・千葉
県道免き谷津遺跡、佐賀県東名貝塚

○ 2010 年代…富山県小竹貝塚、埼玉県南鴻沼遺跡・大木戸遺跡

いずれの遺跡からもそれまでの「縄文観を覆す」と表現される、数々の重要
遺物が発見されたことは記憶に新しい。具体的には木製容器や弓や斧、編み
物など多様な暮らしを支えた生活資材（三内丸山・忍路土場・羽根尾・下宅部・
大木戸）を中心として、住居構造物やその建築部材（押出・桜町・青田）、低地
の食料貯蔵施設（東名）などの発見であった。ここでは低地部での検出が相次

いでいる遺構群、とくに水場やそこに残された木組み遺構などの貯水施設（赤山陣屋・寺野東・高瀬山）について紹介し、その分析・検討からこれまでとは違った評価をすべき点について検討を加えてみたい。

3. 残された活動痕跡

　そもそも低地部から発見された各種植物性遺物の殆どは製作途上、或いは使用後の破損品が湿潤で空気から遮断された泥炭層中へと廃棄されたものである。縄文時代の人々が廃屋や集落内の窪地に生活用具や食料残渣（貝・骨）などを投機することは良く知られており、同じ廃棄行為が集落に隣接した水場付近でも行われていたことは間違いない。看過できないのは住居や水場などの生活空空間を対象として断続的に生活用具および関連遺物が廃棄されている点であり、そうした内容や生成の時間幅を十分に考慮せずに直接的に遺物評価や遺構の機能へと結びつけて解釈するという危険性は十分に承知しておく必要がある。例えば低地遺跡から出土する木製容器の未製品を製作途上の水漬け工程と解する意見があるが、素材や完成品のみならず破損品も多数出土することを考えると、現状では廃棄と捉えておいた方が無難である。研究史に見る住居内に残された土器類の評価をめぐる行動論的解釈であるパターン論と同様、遺構の利用・機能に関連して木製容器や道具、さらには堅果類などの食料残渣がそのまま遺棄されたとするには、より説得的な状況証拠の提示が不可欠

写真2　コザワシの風景
岐阜県旧根尾村（和田2007）

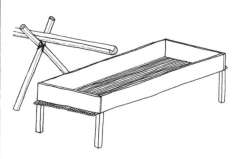

図1　コザワシ用施設（トチサンジキ）
（橘1986）

である。以下で取りあげる木組遺構についても、まったく同様な研究課題を内包していると考えて良い。

　従来、断片的であった考古資料を民俗学的な知見や資料などを手掛かりに評価し、縄文時代の植物質食料の重要性をいち早く指摘した渡辺誠は、堅果類のアク抜き処理技術の方法のみならず、使用された道具・施設に関する民俗事例の詳細な検討も怠らなかった（渡辺 1975・1981）。とくにアク抜き施設として紹介したトチダナは脚部を持つ棚状構造物で四角の木枠の底部に竹製などの簀が敷かれ、この上に布を置き煮潰した大量のトチを入れ流水に晒すことでアクを抜く施設で、遺跡出土の植物遺体が具体的な生業活動との関連性のなかで捉え得る道筋が示された意義は大きかった。氏による豊富な民俗学的知見に基づく植物遺体の民俗学的解釈は、民俗考古学という新たな学問的アプローチの方向性および有効性を明示した点は学史的な業績として記憶されているところである。

　偶然とはいえその直後、1984 年に赤山陣屋跡遺跡の低地部から長大な木組遺構と板囲い遺構が発見された。巾木と横木からなる井桁状の区画を持つ木組遺構の形態に加え、隣接した場所からはトチ種皮集中区（トチ塚）が検出されたことから、これらの遺構群はトチの実の水漬施設（板囲遺構）とアク抜き施設（木組遺構）であると積極的に評価され、規模の大きさから「集団管理下で継続して利用された」「トチの実加工場跡」とその機能が特定される（川口市教育委員会 1989）。さらに 1996 年に至っては当該木組遺構をトチのコザワシ施設と特定したうえで、ここが複数集落の共同利用施設であり大規模な「トチの実加工場」として集落を超えた共同管理下に設置、地域社会の協力体制の基で維持・管理されたものと評価された（金箱 1996）。一方で渡辺氏も低地部で発見されるこの種の遺構を「水さらし場遺構」と呼称し、「アク抜きなどを主とする植物性食料の処理、加工の場」と機能・用途に若干の巾を持たせながらも、堅果類処理施設として明確に位置付けるに至った（渡辺 1996）。

4．木組遺構の実態

　1990年代以後には同様な形態と規模を持つ木組遺構群の検出が相次ぎ、現在では大凡50ヶ所程を数えることができる。代表的な遺跡としては近野遺跡・岩渡小谷遺跡（青森県）、柏子所遺跡（秋田県）、高瀬山（山形県）、寺前遺跡（新潟県）、栗林遺跡（長野県）、明神前遺跡・寺野東遺跡（栃木県）、後谷遺跡（埼玉県）、下宅部遺跡（東京都）、道免き谷津遺跡（千葉県）などがある。検出された木組遺構について各報告書では、トチ種皮が検出された場合には「アク抜き施設」と評価され、クリ種皮やクルミ殻を伴う事例や無遺物であったところは「水さらし施設」と報告されるのが一般的なようである。不可解なことは半数以上の木組遺構では堅果類の伴出が認められず、遺構に隣接して堅果類が発見された事例を全国的に集成したうえで遺構と堅果類との共伴関係を概観してみると、アク抜きを必要としないクルミがもっとも多く、トチ、クリがそれに続いていることに気付く。加えて杭を打ち板材などで木枠を設け、それに続く空間に木材や礫を重層的に組み合わせた堅牢な構造を持たせながらも、周囲から検出される堅果類は狭い範囲に僅かに残されているに過ぎず、木組遺構が堅果類処理に何らかの役割を果たしたとの説明には無理があると考えざるを得ない。では列島各地の集落下の低地部に残された木組遺構とはどのような役割を担っていたのであろうか。

　栃木県の寺野東遺跡では後期集落に隣接した谷部から大小様々な規模・形態を持つ木組遺構が発見され、その詳細を分析した江原氏は従来の評価に囚われずにそれらを湧水利用遺構として再検討している（江原1998・2010）。実は列島各地で検出されている木組遺構を検討すると、その基本的な構造は湧水箇所に設けられる井桁状の貯水空間とそれに続く作業空間（足場）とから成立していることがわかる（栗島2012）。同様な遺構構成はすでに前期段階（岩渡小谷遺跡）に出現し、後期から晩期段階に於いて一時的に発見例が増加するものの、その後も弥生・古墳、そして古代から中世にまで継続することが明らかとなっている（栗島2012・2015）。平安時代の茨城県栗島遺跡から検出された木組遺

作業・足場空間（木・礫敷）　貯水空間

写真2　赤山陣屋跡遺跡の
　　　　木組遺構

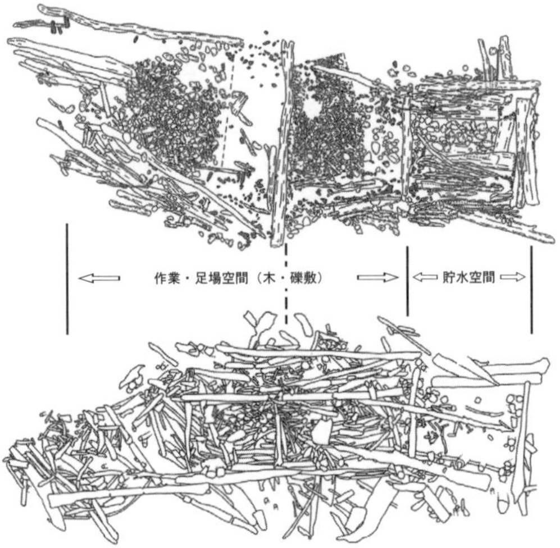

図2　木組遺構の基本構造
（上：寺野東、下：赤山陣屋跡）

構は、湧水箇所に板材を用いて井桁状の貯水空間を設け、凹状の切れ込みを入れた取水口の下方には木材と礫を敷き詰めた作業空間が続く。遺構の設置場所やその規模・構造を見ても縄文時代のものと寸分違うところはなく、当然ながらトチなどの堅果類の伴出も遺構内部及び周囲からは確認されていない。

　こうした事例を見ても低地で検出され縄文時代の木組遺構とは、湧水箇所や流路などを掘り下げて貯水空間とし、その下流部に作業空間を設けた水利施設であった蓋然性がたかい。定説のように唱えられた「トチのアク抜き施設」との評価は、民俗例で見られた「トチ棚」（渡辺1981）や「トチサンジキ」（橘1986）などの構造物との類似性からの発想、並びに遺構周辺から出土したトチ種皮との短絡的な因果関係から導き出された誤った評価であったと言わざるを得ないのである。

5. まとめ

　全国でその検出が相次いでいる木組遺構については、縄文時代の主食と位置

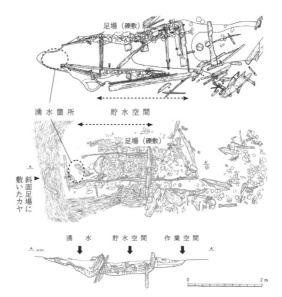

足場（礫敷）

湧水箇所　貯水空間

足場（礫敷）

斜面足場に敷いたカヤ

湧　水　貯水空間　作業空間

写真3　現在の水場
（湧水に水枡＝貯水空間が連結した構造を持つ。埼玉県川越市）

図3　平安時代の木組遺構
（上：石川県荒木田遺跡、下：茨城県栗島遺跡）

付けられた堅果類処理に関わる「アク抜き施設」との評価が定着していたが、それを裏付ける具体的で客観的な証拠を認めることはできない。アク抜きの必要な堅果類の後期段階からの可食化と大量の加工処理、縄文文化の安定化に関わる地域社会の生業の安定化や協業体制の確立など、様々な憶測やほかの考古学的事象との辻褄合わせとも言える評価も微妙に木組遺構の評価に影響を与えた可能性は否定できない。

　そもそも木組遺構が民俗例に見る「トチ棚」などとは異質な施設構造を持つこと、「アク抜き施設」であった場合には、そもそも何故に縄文前期から弥生、古墳、そして平安時代にまでその形態・構造を変えることなく存在するのであろうか。惜しむべき点は木組遺構の基本構造に関する基礎的検討がおざなりとされたまま、一律的に堅果類のアク抜きや水さらしの施設とその機能が特定しまった点にある。研究初期の段階に「トチの実加工場跡」として積極的に評価

された赤山陣屋跡例の再検討からは、この木組遺構が断続的に構築されたことや巾木と横木とで形成された区画には明確な貯水空間が含まれていることが確認できる（栗島 2019）。また、木組遺構群の部材や構造についての再検討を通じた構造復元からも、この遺構が貯水空間と作業空間が一体化したものであることが報告されている（宮内・小林・能城 2021）。

　木組遺構とは集落下の湧水・流水箇所に設けられた貯水・作業空間と理解されるべき遺構であり、堅果類の処理・加工に特化した施設ではない。その実態は中近世の井戸と同様に飲料水の確保から炊事や食料の下処理など、集落下に湧出する水場周辺での多様な生活活動を反映していると考えるべきものなのである。集落に隣接した湧水箇所を開発・整備して利用する行為が通時間的なものであったことは、古代の水場遺構や近現代の水場（水桝・水舟等）構造の観察からも肯首されるであろう。

　縄文時代の水場に設置された木組遺構の規模や形態に認められる多様性は水量や利用規模に左右されたものであり、また全国的な類似例に目を向けると板囲いや木敷と言った木組遺構だけでなく、群馬県の矢瀬遺跡や茅野遺跡、栃木県明神前遺跡のように石囲いや水場周辺の一面に礫を敷いた遺構群も認められる。水場に設けられたこのような木組遺構を通して、縄文時代の生活や生業活動に関わる民俗考古学、植物考古学からの新たなアプローチがなされる日も近いに違いない。

Ⅲ 道具の製作と利用技術
tool

―道具とその流通―

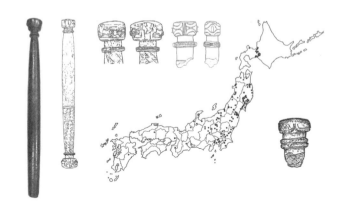

1 土器の型式学的研究

宮内 慶介・吉岡 卓真

1. はじめに

　土器は粘土という可塑性に富んだ素材を使い、様々な要素を付加しながら製作していくため、形態や装飾など変化に富み、さらに粘土に混ぜる混和材や焼成方法などにも様々な違いがある。また、破損しやすく頻繁に製作されるうえ、原料である粘土は比較的得やすく各地で製作されるため、年代的、地域的な指標として用いるのにもっとも適した遺物と考えられ（山内 1934）、現在に至るまで様々な研究が推進され、研究成果の膨大な蓄積がある。ここでは土器の型式学的な研究の方向性について考えてみたい。

2. 山内清男の縄文土器研究

　縄文時代研究の礎を築いた山内清男は、土器型式を「一定の形態と装飾を持つ一群の土器であって、ほかの型式とは区別される特徴」（山内 1964）をもつ「地方差、年代差を示す年代学的の単位」と定義し（山内 1939）、縦軸に時間、横軸に地域を配した土器型式の編年表を提示した（図 1：山内 1937）。そして、土器型式を時空間の尺度とした「あらゆる文化細目の年代的および分布的編成」によって縄文文化の動態は解明に赴くとして、縄文時代研究ならびに日本の考古学研究の方向性を示した（山内 1939）。以後、縄文土器研究は土器型式の精緻な編年網を構築することに注力されてきたが、その成果として様々な事象・事物を共通の単位のもとに位置づけ、比較することが可能となったのである。

　また、山内は土器そのものの分析から縄文文化の縦横の関係を把握しようとした。縄文土器の外面に施される文様は多くの場合器面を周回する帯状の構成

縄 紋 土 器 型 式 の 大 別 と 細 別

	渡島	陸奥	陸前	関　東	信濃	東海	畿　　内	吉備	九州
早　期	住吉	(+)	澱木 1 〃　2	三戸・田戸下 子母口・田戸上 茅山	曾根？× (+)	ひじ山 柏畑		黒　島×	戦場ケ谷×
前　期	石川野× (+)	円筒土器 下層式 （4型式以上）	室浜 大木 1 〃　2a, b 〃　3–5 〃　6	蓮田式{花積下/関山/黒浜} 諸磯 a, b 十三坊台	(+) (+) (+) 踊場	鉾ノ木×	国府北白川 1 大歳山	磯ノ森 里木 1	轟？
中　期	(+) (+)	円筒上 a 〃　b (+) (+)	大木 7a 〃　7b 〃　8a, b 〃　9, 10	五領台 阿玉台・勝坂 加曾利E 〃（新）	(+) (+) (+) (+)			里木 2	曾畑 阿高 }? 出水
後　期	青柳町× (+) (+)	(+) (+) (+) (+)	(+) (+) (+) (+)	堀之内 加曾利B 〃 安行 1, 2	(+) (+) (+) (+)	西尾×	北白川 2 ×	津雲上層	御手洗 西　平
晩　期	(+)	亀ケ岡式{(+)(+)(+)(+)}	大洞B 〃　B–C 〃　C1, 2 〃　A, A′	安行 2–3 〃　3	(+) (+) (+) 佐野×	吉胡× 〃　× 保美×	宮滝× 日下＝竹ノ内× 宮滝×	津雲下層	御領

註記　1. この表は仮製のものであって，後日訂正増補する筈です。
　　　2.（+）印は相当する式があるが型式の名が付いて居ないもの。
　　　3.（×）印は型式名でなく，他地方の特定の型式と関聯する土器を出した遺跡名。

図1　山内清男が示した土器型式の編年表（山内 1937）

をとる。山内は土器の型式学的研究を生物学の研究になぞらえ、文様帯の相同・相似を分別し、草創期から晩期に至る文様帯の系統を明らかにすることで、縄文文化全体を網羅する系統性を実証しようとしたのである（山内 1964）。ただし、生物の系統は遺伝情報によって次世代に伝えられるが、土器は土器製作という行為によって具現化する文化的な産物であり、系統的な変化に加えて他地域との影響関係なども絡み合うため、変化の方向は1つだけとは限らない点には注意が必要だといえる。

　さらに、山内の土器研究が編年研究に特化したものではなく、土器型式の構造について意識していたことも注目すべきである。縄文時代を通じて土器型式を構成する土器群の器種構成や器種間の関係、さらにはその成り立ちなどに時期的特徴があることを理解しており、縄文時代後・晩期の土器型式は精製土器・粗製土器の2者で構成されること、東北地方、関東地方、中部以西の西日本それぞれで、その出現時期や構成に違いが見られることを指摘している。山

内は、精製・粗製土器の概念化を通じて、後・晩期の土器型式の構造的特質を描き出そうとしていたのである（阿部 1999）。

　縄文土器の型式学的研究は、以上のように山内が示した方針に則り、土器型式の細別による年代的組織の編成、土器の形態装飾の分析をもとにした縦横の系統・影響関係の追及、さらに個々の土器型式の成り立ちや構造を明らかにする方面へと、相互に循環しながら進められてきた。次に、関東地方の後・晩期の土器型式を例に、変遷と地域性、さらにその構造についてみてみよう。

3. 関東地方の縄文時代後・晩期における土器の変遷と地域性

　縄文時代後・晩期の土器型式は、文様装飾によって飾られる精製土器と、文様装飾が低調な粗製土器の2者により型式が構成されるようになる（山内 1964）。精製・粗製土器による型式構成は、関東地方では後期前葉堀之内2式の時期に、磨消縄文を伴う深鉢に従来のサイズから小型のものが分化するこ

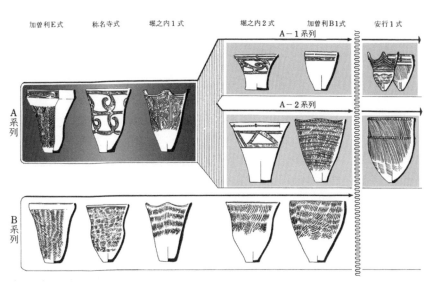

※堀之内2式期以降、精製土器（A-1系列）と粗製土器（A-2系列）に分化する。

図2　縄文時代中・後期における深鉢形土器の変遷とサイズ（阿部 1996b から）

とで始まる（図2：阿部 1996b）。その後、粗製土器は、磨消縄文から変容を遂げた大型の煮沸容器である紐線文土器（例えば図2の加曽利 B1 式以降の A‐2 系列）が主体を占めるようになる。こうした精粗の関係は、紐線文土器の頸部に描かれる文様装飾が発達し、精製土器と文様装飾が共有され、精製・粗製土器による関係性に変容が見られるようになる晩期中葉安行 3c 式にいたるまで継続する（山内 1964）。

　なお、後期中葉の粗製土器の形態装飾には、関東地方の中でも地域差が見られ、組成比率にも違いがある。さらにその差異は、遺跡の継続期間や遺跡内での保有状況などにも表れていることが指摘されている（阿部 1998）。

　また後期中葉加曽利 B1 式の精製土器に着目すると、器種構成において鉢形土器が定着する一方で、浅鉢の内面文様が消失し無文化する。さらに文様から見た器種間の関係では、はじめ深鉢と鉢で、それぞれ固有の文様装飾を描いていたものが、両者で共通の文様を共有する関係に変容を遂げるなど、以後の型式に続く器種間の関係性の確立が加曽利 B1 式の後半に認められる（吉岡 2020）。

　つづく後期末葉から晩期初頭の安行 2 式・3a 式土器にも、精製土器の形態・装飾や精製・粗製から成る構成の共通性に型式としてのまとまりが認められる。ただし、粗製土器である紐線文土器は、精製土器より狭い範囲での地域差が指摘されている（鈴木 1969、矢野 1992、古谷 2004 など）。また紐線文土器の口縁部には、霞ヶ浦南岸では平行沈線を主体とする特有のスリット文が加えられるのに対し、大宮台地周辺では精製土器と単位文様の一部を共有するという違いがある。つまり、保有する器種は同じであっても、精製・粗製の器種間の関係にこそ地域差が存在するのである（図3：宮内 2006）。土器から地域性を求めようとする場合、ある特定の器種に注目するだけでなく、土器群としての構造に目を向けるべきであり、土器型式分布圏の示す意味や背景を考える上で重要な視点となる。関東地方では、後期末葉から晩期初頭に認められたこうした地域差が拡大し精製・粗製土器の関係に変容を伴いながらやがて東西関東の型式差へとつながっていくのである。

　以上例示した型式学的検討により明らかになった関東地方の後・晩期土器型

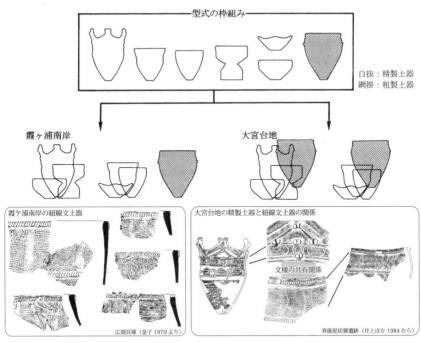

図3　安行2式・3a式土器の型式の枠組と地域性模式図（宮内2006から）

式の画期や地域差の要因として、土器を介した食物加工工程やそれに伴う労働編成、土器の道具化や消費形態の変化、あるいは適応の差などが反映されている可能性が指摘されている（阿部1998）。

4. 道具としての縄文土器の変遷と画期

　現在、縄文時代は草創期から晩期の六期に大別されているが、これは当初年代学的な単位として、細別型式が等しく含まれるように便宜的に分けられたものであった（山内1937）。山内自身も「細別を進行せしめ、それを知悉して後大きな区分に想到し得ればもっともよい」と述べているが、近年「道具としての土器」の観点から、器種の多様化や器種間の関係の変化など土器群の構造的な特徴から画期を見出そうとする研究があらわれている。阿部芳郎は関東地方

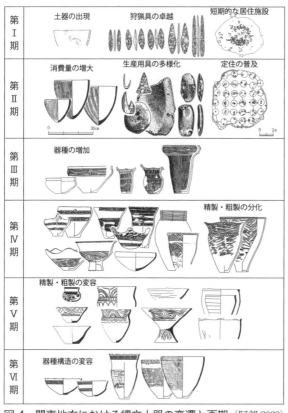

第Ⅰ期	土器の出現	狩猟具の卓越	短期的な居住施設
第Ⅱ期	消費量の増大	生産用具の多様化	定住の普及
第Ⅲ期	器種の増加		
第Ⅳ期			精製・粗製の分化
第Ⅴ期	精製・粗製の変容		
第Ⅵ期	器種構造の変容		

図4　関東地方における縄文土器の変遷と画期（阿部 2020）

の土器群の変遷を第Ⅰ～Ⅵ期に区分した（図4：阿部 2020）。ここで重要なのは、画期とされた土器の出現（第Ⅰ期）や消費量の増大（第Ⅱ期）、器種の増加（第Ⅲ期）、精製・粗製の分化（第Ⅳ期）、精製・粗製の変容（第Ⅴ期）、器種構造の変容（第Ⅵ期）が、定住生活の成立や定着、社会の複雑化といった縄文文化の質的変化と連動した現象と捉えられることである。

　土器は様々な属性から成る構造体であり、型式学的研究ではそうした諸属性の変化を把握し、年代的位置づけや文化系統、変化の方向性を読み取ろうとする。こうした分析に加えて、「道具としての土器」という視点から土器の型式構造や変容の意味を捉え直すことは、植物質資源を主要な食料資源とし、その調理・加工具として土器を盛んに製作、使用した縄文文化の特質を説明するうえで重要な意義をもつ。今後はそうした方面の研究が、より一層意識されるべきであろう。

2 胎土分析からみた縄文土器の製作

河西　学

1. はじめに

　土器製作の復元には、土器がもつ物質的および考古学的情報などの様々な情報が必要である。胎土とは、土器を構成する物質を指し、胎土分析は、土器を構成する物質的情報を得る分析方法である。分析には様々な手法があり、それぞれの手法によって得られる情報は限定される。筆者の方法は、土器を約0.03mmに薄く研磨した薄片を作製して偏光顕微鏡観察で粒子配列の構造や岩石鉱物組成を明らかにするものである。蛍光X線装置を用いた分析では、胎土全体の元素組成を明らかにできる。EPMA装置を用いた分析では、鉱物ごとの元素組成を明らかにできる。このように、胎土分析における手法は、個別的であるが、複数の手法を組み合わせることで補完的に情報を得ることが可能である。

　薄片における粒子配列から得られる情報は、製作技術に関するものが多く、岩石鉱物組成から得られる情報は、どこで原料を調達し、どのような場所で土器作りを行い、どんな場所で土器を使用していたのかといった生産と移動を含む当時の人々の生活サイクルを反映した土器や人々の動態を解明するような土器製作システムに関わるものが多い。胎土分析からわかることは限定的であるものの、今までわかっていることについてここで紹介してみたい。

2. 粒子配列などの内部組織からみた土器製作技術

　土器を作る場合は、まず調整された素地を積み上げて形作ることになる。焼かれる前の胎土である素地には、粘土や砂とともに水分が含まれていることにより、押す、引っ張る、曲げる、なでるなど製作者の指や工具の動きに柔軟

に対応して変形し、指や工具の関与がなくなってもその変形した状態を維持している性質（可塑性）をもっている。可塑性は、水分をもつ粘土の性質であるが、水分がなくなると変形できなくなり可塑性は失われる。乾燥した粘土に水を加えると再び可塑性を示すが、一度火で焼かれた粘土は、結晶構造が変化するためその後に水を加えても可塑性を取り戻すことはない。

　可塑性をもつ柔軟な粘土では、薄いシート状の粘土鉱物が指や工具の動きに反応して配列を変化させる。基本的には粘土の表面に平行になるように粘土内部の粘土鉱物は配列しようとする。このような鉱物の配列の傾向を配向と呼ぶ。土器の配向は、焼成されることで固定され、可塑性を有した最後の状況を保存しているため、配向の調査は、どのような動きが土器作りにおいてなされたかを推定する手がかりになる。また粘土鉱物の配向に並行したシート状の空隙の配列が土器胎土内では普通に見ることができる。これは、乾燥・焼成時に粘土中の水分が失われる結果、粘土が収縮するのに対し、砂を構成する岩石鉱物粒子がほとんど収縮しないことで生じた空隙であるため、薄片では砂粒子付近では狭く、砂粒子のない部分では広い柳葉状の形態を示す。この柳葉状の空隙は、粘土鉱物の配向を顕著に示すものである（写真1）。

　粘土紐を円周上に積み重ねて土器を作り上げる輪積み技法の場合、それぞれの粘土紐内の配向が異なるので不連続な配向を確認することにより接合した境界を識別することができる。土器の口縁部を上に底部を下にしたとき（正位）、粘土紐の接合境界面よりも上位の粘土紐が土器の内側にある場合を内傾接合と呼び、外側にある場合を外傾接合と呼ぶ。内傾接合・外傾接合は、土器作りの特徴を示す指標の一つであり、

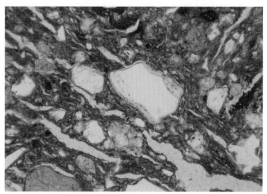

写真1　土器薄片顕微鏡写真での柳葉状空隙と砂粒子

時期・地域・土器型式などによって多様性があるとされ、多様な土器作りが存在したことが考えられる。

　粘土紐などを貼り付ける場合、接合境界付近には空気が取り込まれることがあり、薄片では不規則な空隙として観察され、柳葉状空隙とは区別される。このような不規則な空隙の存在は、配向の不連続性とともに接合境界を示す有力な指標といえる。神奈川県綾瀬市上土棚南遺跡の縄文後期下北原（新）式深鉢B類では口縁部のほぼ同じ位置に不規則な空隙が確認されることが普通に認められ、口縁部製作での規則性が考えられた（河西1999）。

　土器は、粘土など細粒なマトリクスと砂粒などからなる粗粒物質が混在する場合が多い。粗粒物質は、岩石・鉱物などの無機物から構成される場合が多いが、植物繊維や獣毛様繊維などを混和した土器も存在する。植物繊維を多く含む繊維土器は、縄文早期や前期の土器に多く、獣毛様繊維を含む土器は草創期などに見られる。粗粒物質の混在は、粘土の乾燥・焼成で生じる柳葉状空隙のサイズや分布を制御し、結果として土器の強度を高めると考えられる。一方、粘土とともにシルトあるいは極細粒砂などの含有率が高い均質な胎土では、粗粒物質の混在が認められない土器もある。このように粗粒物質を意図的に混和させるかどうかは、原料物質の性質によるところが大きい。粗粒物質にどのような材料を用いるかも製作者の意図、当時の技術によるところが大きいと考えられる。粗粒物質と細粒物質が自然に混合した堆積物が採取・利用される場合もあり得るが、砂粒を人為的に混和したと考えられる事例も認められる。新潟県内縄文中期土器の一部には土器破片が混和された事例が認められた（河西2016）。

　漆塗土器の断面観察により、土器作り技術を知ることができる。土器を復元的に製作実験し、漆を塗布した土器片と縄文晩期の漆塗土器片を比較したところ、実験土器では漆が胎土の内部まで浸透しているのに、一部の漆塗土器では胎土内部への浸透がほとんど認められないことがわかった。漆塗土器表面付近は、緻密な配向を示すことからミガキなどの器面調整が丁寧になされていて、また漆の塗布以前に何らかの有機質下地を塗っている可能性もありうる。

3．土器中の砂が語る土器作りと人の移動

　土器中の砂の特徴は、どのような岩石や鉱物から構成されているか（岩石鉱物組成）、胎土中に含まれる砂の割合（含砂率）、砂粒の大きさの構成比（粒径組成）などで表すことができる。砂の起源は、地表に露出する地層や岩石、あるいは火山噴出物などであり、それらが風化し運ばれ堆積したものが砂である。川砂は、上流域の地質分布を反映した岩石鉱物組成を示す。胎土分析は、土器中砂の岩石鉱物組成と表層地質図あるいは現在の河川堆積物の岩石鉱物組成との比較によって、土器の原料産地を推定することを目的のひとつとしている。

　遺跡出土の土器群は、原料産地から得られた原料をもとに製作地で生み出され、その後の使用に伴い各地を移動し、あるいは製作地周辺にとどまり、最終的にたどり着いた場所で埋没し、発掘調査によって出土したものであり、多様な遍歴をもつ個体の集合であると理解できる。したがって個体ごとの胎土属性にもとづいた識別が重要となる。複数の遺跡で得られた土器の原料産地データと遺跡周辺地質との比較によって、地元原料の利用の有無、他地域からの移動の距離や頻度などを推定する。各地域で地元原料を用いた土器作りがなされている場合、推定された原料産地が土器の製作地とみなすことができる。

　縄文中期後半曽利式土器では、土器型式分布の中心である甲府盆地とその周辺部では地域ごとに地元原料を用いた土器作りが行われていること、土器の移動範囲は比較的小さく、長距離移動はほとんど見られない傾向がある。しかし、曽利式分布圏の縁辺部では、地元原料を用いた土器が認められるものの、中心部の甲府盆地由来の花崗岩類を特徴的に含む長距離移動の土器などが含まれる傾向が認められ、土器生産が盛んな地域とそうでない地域との差が、地質的特徴あるいは土器型式分布中心からの距離と関連して若干認められる（河西2010・2019b・2020）。

　山梨県笛吹市前付遺跡出土の曽利Ⅱ式の住居跡は、粘土紐痕をもつ焼成粘土塊、台石などとともに完形深鉢形土器を満たした粒揃いの良好な貯蔵砂が出土

し、土器製作の場であったと考えられている。貯蔵砂の粒径組成と岩石鉱物組
成を周辺河川堆積物および出土土器と比較した（河西 2015a）。

　貯蔵砂は、0.25 ～ 0.5㎜の中粒砂サイズに極大値をもつ粒ぞろいの良い粒径
組成を示し、花崗岩類とその構成鉱物からなる岩石鉱物組成を示した。遺跡近
傍の河川砂は、御坂山地から流下する急傾斜の小河川であることから、粗粒か
ら細粒まで雑多な粒径が混在する粒揃いが悪い粒径組成を示し、御坂山地を構
成する新第三紀に海底噴火しその後緑色変質した火山岩類が多い岩石鉱物組成
や、単斜輝石や緑簾石が多い重鉱物組成を示す特徴があり、貯蔵砂とは異なっ
ていた。一方、甲府盆地底を流れる笛吹川の砂は、貯蔵砂ともっとも類似性が
高い岩石鉱物組成を示し、粒ぞろいの良い正規分布曲線の粒径組成を示すこと
から貯蔵砂の原料産地の可能性が推定された。原料産地と土器の製作地の距
離は、2.5～3㎞と見積もられた。また遺跡出土の粘土塊および土器胎土の分析
結果は、中粒砂サイズに極大値をもつ粒径組成を示すこと、花崗岩類とその構
成鉱物が主体をなす岩石鉱物組成を示すことなど貯蔵砂との類似性が認められ
る一方、緑色変質火山岩類や緑簾石など遺跡周辺の地元地質由来の岩石鉱物を
わずかに伴う特徴が認められたことから、貯蔵砂を土器原料として、さらに遺
跡周辺で得られた泥質堆積物と混和するような土器作りの可能性が推定された
（河西 2015a・b）。

　同様の事例は、東京都多摩ニュータウン No.72 遺跡の加曽利E 1～2 式住居
跡内に検出された砂ブロックでも確認されている。中粒砂サイズにピークをも
ち比較的粒ぞろいの良い粒径組成および岩石鉱物分析の結果から、浅川流域河
川砂および同時期の土器胎土との類似性が認められ、河川砂の採取と約 3㎞程
度の遺跡への運搬移動および土器原料としての混和使用の可能性が考えられて
いる（河西 2018）。

　このように土器原料としての河川砂利用は、中粒砂サイズの粒ぞろいの良い
砂が縄文中期後半の中部関東地方で好まれた可能性を示している。大きめの河
川では、出水時に大きな水量と多様な流速によって沈降する堆積物の篩分けが
大規模におこなわれる結果、粒揃いの良い砂が広範に分布していたと考えられ

る。大きめの河床では、流速が早い地点では粗粒堆積物が、流速が遅い地点で
は細粒堆積物が漸移的に変化しながら堆積するので、土器製作者の意図するサ
イズの粒揃いの良い砂を充分に得ることが容易であったと考えられ、約3km程
度の原料砂の移動は一般的なものであった可能性がある（河西2018）。

　さて、縄文前期末から中期初頭の諸磯式、十三菩提式、踊場式、五領ケ台式
などの土器型式において、長野・山梨・神奈川の事例では、花崗岩類主体の胎
土が多く、デイサイト〜流紋岩主体の胎土を一定割合で含む遺跡が認められ
る。伊豆諸島八丈島倉輪遺跡では、十三菩提式〜五領ケ台式の3型式にわたり
同様の胎土組成が確認されることから、中部高地からの継続的な移動が推定さ
れている（河西2011・2019b）。八ヶ岳南麓は、安山岩を主体とする岩石の露出
が広く分布し、花崗岩類やデイサイト〜流紋岩は露出していない地域だが、花
崗岩類やデイサイト〜流紋岩などの胎土がほとんどであることから、地元原料
を積極的に利用しているとされる中期中葉〜中期後半の土器作りシステムと
は明らかに異っている。この時期の土器作りは、関東では地元地質原料を用い
た土器作りが認められるものの、中部高地では花崗岩類地域あるいはデイサイ
ト〜流紋岩地域の原料を利用した土器が多いこと、および土器の移動頻度が高
く、移動距離も長い結果となっており、それ以前の撚糸文土器の稲荷原式〜天
矢場式、押型文土器の一部、古屋敷第Ⅳ群土器、木島式、中越式などで見られ
る胎土の組成が単調で土器作りに適した地域で土器が積極的に作られ、あまり
適さない地域では専ら搬入土器を受け入れる場合が多い土器作りシステムがこ
の時期まで継続していた可能性が考えられる。縄文中期勝坂式以降は、曽利式
に代表されるような各地域ごとに地元原料を用いた土器作りシステムに移行し
ていくものと考えられる（河西2019b・2020）。

4.　おわりに

　土器作りは、時期、地域によって共通性も多様性もあることが胎土の分析で
明らかになりつつある。考古学的な新たな情報とともにさらなる謎の解明のた
めに分析データの蓄積が重要であると考える。

3 黒曜石の流通
―蛍光 X 線分析とその成果―

池谷 信之

1. はじめに

考古学研究の基本となる型式学的方法は、例えば土器であれば、その形や文様・製作上の技法や工程を詳細に観察することから始まる。さらにそこから抽出された特徴や属性が一定の時空的広がりを持つ場合、「型式」として認識することが可能となる。しかし土器や石器の特徴を詳細に検討するだけでは、その背後にある集団を捉えるのは難しい。

縄文草創期後葉、静岡県東部の愛鷹山麓を中心に、身が厚く周縁の加工が粗く急傾斜となる黒曜石製尖頭器が存在する。その分布は東は千葉県から北は長野県、西は愛知県まで及ぶ。ここではこうした尖頭器を「愛鷹型尖頭器」とするが、その黒曜石原産地はそれを保持していた集団あるいは集団相互の関係を想定するうえでの鍵となる。同一の原産地であれば、分布範囲内での集団移動や交換が想定され、異なった産地であれば、石器の製作技法や形態について集団間の情報共有が行われていたことが推定される。このように石材の原産地は、遺物の観察だけでは追究することが難しい集団の動きについて重要な検討材料を提示する。

2. 黒曜石の原産地

黒曜石は流紋岩質のマグマが地表近くに上昇してきたときに、急冷されるなどの特殊な条件のもとに生成される。国内には主要なものだけでも 50 ヶ所前後の黒曜石原産地がある。日本列島のような島弧に展開する火山の海溝側の境界線を火山フロント（図1）と呼ぶが、隠岐の島や深浦などを除けば良質で大

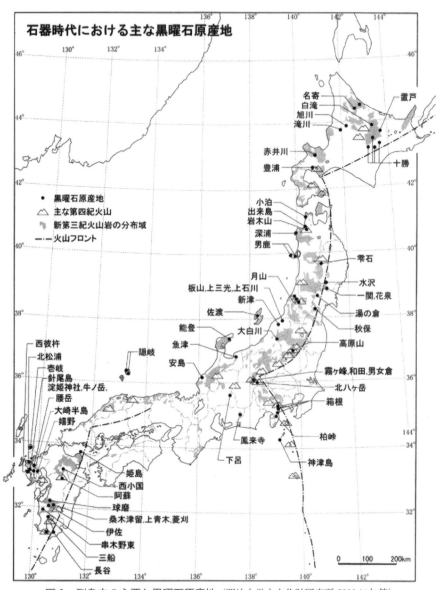

石器時代における主な黒曜石原産地

凡例：
- ● 黒曜石原産地
- △ 主な第四紀火山
- 新第三紀火山岩の分布域
- ━・━ 火山フロント

名寄
白滝
旭川
滝川
置戸
赤井川
豊浦
十勝

小泊
出来島
岩木山
深浦
男鹿
雫石
水沢
一関,花泉
湯の倉
秋保
高原山

月山
板山,上三光,上石川
新津
佐渡
能登
魚津
大白川
安島

霧ヶ峰,和田,男女倉
北八ヶ岳
箱根
柏峠
神津島

西彼杵
北松浦
壱岐
針尾島
淀姫神社,牛ノ岳
腰岳
大崎半島
嬉野
隠岐

姫島
西小国
阿蘇
球磨
桑木津留,上青木,菱刈
伊佐
串木野東
三船
長谷

鳳来寺
下呂

0　100　200km

図1　列島内の主要な黒曜石原産地（明治大学古文化財研究所 2011 に加筆）

規模な原産地の多くはこの火山フロント近くに存在する。

　北海道では白滝・十勝・置戸・赤井川を四大原産地と呼ぶが、これらはいずれも火山フロントの比較的近くで生成されている。また白滝や置戸の黒曜石は、東北や関東、あるいは現在の国境を越えて樺太・沿海州にまで長距離運搬されている。

　東北の原産地は深浦・男鹿を除けば、比較的小規模で斑晶などの夾雑物を含むものが多い。したがって黒曜石が石材の主体を占める事例は少なく、この地域では硬質頁岩が主要な石材となっている。

　中部高地には霧ヶ峰・和田・男女倉・蓼科（北八ヶ岳）という良質で規模の大きい原産地が集中しており、関東をはじめ北陸や東海東部に向けて多くの黒曜石を流通させている。また伊豆諸島に神津島、伊豆半島には箱根と天城柏峠、北関東には高原山の原産地がある。

　島根半島の沖合に浮かぶ隠岐の島（島後）には、良質な原産地群があり、山陰や瀬戸内方面に流通している。東海西部から中国・四国にかけての地域ではこの隠岐が唯一の原産地であり、日本海側の一部を除くと下呂石やサヌカイト・凝灰岩、泥岩などの堆積岩によって石材が構成されている。

　九州の原産地は長崎県から佐賀県にかけての西北部、中央部の阿蘇山麓、南部（鹿児島県）の３ヶ所に偏在している。これらとは別に国東半島の沖に姫島原産地があり、その黒曜石は九州東北部はもちろん瀬戸内方面に広く流通している。また西北部の原産地の一つである腰岳は、良質で産出量も多く、北は対馬海峡を越えた韓半島南部、南は種子島まで運ばれている。

3.　蛍光Ｘ線分析による黒曜石の原産地推定

　黒曜石の原産地推定（obsidian identification）は、火山近くで産出する黒曜石と遺跡から出土する黒曜石を、科学的な方法で「同じものである」と推定する作業である。かつては晶子形態などの鉱物学的方法が試みられたことがあり、その後、原子炉内で黒曜石を放射化して化学組成を測定する中性子放射化分析（NAA）が普及した（鈴木1977）。しかし資料の一部を破壊する必要があるうえ

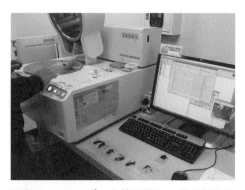

写真1　エネルギー分散型蛍光X線分析装置による黒曜石測定状況
試料室内はポンプによって減圧され真空状態となる（明治大学黒曜石研究センター所有）。

に、分析のコストが大きいために、現在では実施されることが少なくなった。

　これに替わるように1980年代から本格的に普及したのが蛍光X線分析である（鎌木ほか1984、望月ほか1994）。この方法は物質にX線を当てたときに発生する固有な蛍光X線を利用した方法である。とくにエネルギー分散型蛍光X線分析装置（EDXRF：写真1左）は完全な非破壊分析が可能であり、分析にかかる時間も数分と非常に短いため、より多くの資料を分析する必要がある黒曜石製石器に適している。

　関東地方1都6県から出土した黒曜石の原産地推定例が2011年に集成されたが、分析点数は80,641点に達し、そのほとんどが蛍光X線分析によるものであった（日本考古学協会2011年度大会実行委員会）。さらに2013年には中部地方8県の原産地推定例が集成され、その分析点数は118,532点に及んだ（日本考古学協会2013年長野大会実行委員会）。列島内には国際的にも例をみない大量の分析結果が蓄積されている。

　また最近では可搬型の蛍光X線分析装置（p-XRF）も普及が進んでいる。この装置では据え置き型のような真空下での測定はできないが、検出器の改良によって同等かそれに近い分析が可能となっており、その成果も公表されはじめている（保坂ほか2011）。

4.「愛鷹型尖頭器」の原産地推定と集団移動

　冒頭で紹介した「愛鷹型尖頭器」のうち静岡東部出土のものについては、一部を除いて原産地推定されており、ほとんどが神津島産という結果が示されて

いる（望月・池谷2001、池谷2018など）。これらの尖頭器は完成時に器体の強化のために加熱され、その後に楔形石器や掻器・ヘラ状石器などの器種に変形されている（図2、池谷2020）。これは舟での運搬を必要とする神津島産という「高コスト」な石材の破損を防ぎ、製品の延命を図った石器運用方法であると解釈される。富士宮市大鹿窪遺跡では製品全点のほか、調整剥片類も原産地分析し、そのすべてが神津島産であるという結果が得られているため、こうした推定も可能となる。

　静岡東部の草創期後葉には、大鹿窪遺跡のように住居遺構を伴い尖頭器以外の器種も組成する集落（A類）のほかに、遺構を伴わず少数の神津島産「愛鷹型尖頭器」を主とする石器を保有し、希にわずかな押圧縄文土器を伴う遺跡（B類）が存在する。B類の分布は愛鷹南麓に集中し、旧石器時代遺跡の立地

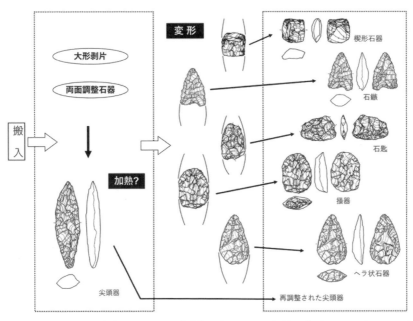

図2　静岡県大鹿窪遺跡における「愛鷹型尖頭器」の加熱・変形と運用（池谷2020）

写真2　愛知県太子遺跡採集の「愛鷹型尖頭器」（長さ：11.2㎝）
加熱のために表面の光沢が失われている。

と共通することから、A類集落から狩猟のために一時的に展開したキャンプサイトであると考えられる。

　さらに冒頭で紹介した「愛鷹型尖頭器」の分布の西限となる愛知県瀬戸市太子遺跡、同県牛ノ松遺跡、長野県上松町お宮の森裏遺跡出土例を原産地推定したところ、いずれも神津島産という結果が得られた（平井・池谷2021）。これらの尖頭器に伴った他の器種は不明確ではあるが、静岡東部におけるB類遺跡と同様な性格を有するものと推定される。冒頭で提示した課題に沿って解釈すれば、これらの尖頭器は長距離の集団移動または集団間の交換によってこの地にもたらされた可能性が高いといえよう。加熱による器体の強化が、こうした長距離の運搬を可能にしたと考えられる。

5. おわりに

　国内に分布する黒曜石原産地を概観して、蛍光X線分析による原産地推定の方法を述べ、さらにその推定結果にもとづいて背後にある集団の動きを検討する試みを紹介した。国内には中部・関東地方に限っても20万点以上の原産地推定結果が蓄積されている。これをどのように活用するか、その研究体系の構築が課題となっている。

4 ヒスイ・コハク・貝
―装身具の製作とその広域的分布―

栗島 義明

1. はじめに

縄文時代の遺跡を調査すると浅鉢・深鉢・皿・壺などの土器群を始めとして、石鏃・石斧・石皿・磨石などの石器群が出土する。縄文の石器がその形態・機能と直結する石材選択に強い相関関係―例えば石鏃は黒曜石・チャート、石斧は粘板岩・緑色岩、石皿・磨石は安山岩・花崗岩―を成立させている点は改めて指摘するまでもないが、これらの石材総てを自らの生活圏内で確保できる集団はない。また土器の場合も文様・胎土の分析からは他遺跡からの搬入品が一定割合で存在することから、前期以後の定住的集落では人々が土器・石器などの生活・生産用具の一部を他地域との交換・交易によって確保していた可能性のたかいことも分かっている。

先史時代の社会・文化を探求する場合、効果的な分析視点が経済的側面からのアプローチであり、具体的には遺物分布等から実態としてのモノ・ヒトの動きを復元してゆく手法にある。方法論としての型式学・形態学は無論のこと、土器胎土や黒曜石原産地などに関する分析的アプローチも、遺跡に残された遺物の空間的来歴を明らかにする試みも同様な方向性にあると言えようか。その

写真 1　広域分布する装身具 （左からヒスイ製大珠・コハク製大珠・オオツタノハ製貝輪）

ような視点から遺物を見渡した場合、原産地などが限定されることから遺物の来歴や交易ルートが明瞭な考古遺物が存在する。ヒスイやコハク、そしてオオツタノハ貝がその代表であり、其々は新潟県糸魚川市、千葉県銚子市、東京都伊豆諸島南部でのみ採取可能な希少資源で、大珠や貝輪に加工された装身具は東日本を中心とした広域的に分布することが知られている。本論ではこれらの遺物を中心として、縄文時代の広域的活動について考えてみたい。

2. 装身具の性格

縄文時代は多くの装身具が生み出された時期でもあり、とくに定住生活が始まった前期以後はその種類や装着事例も増加している。この背景には多くの人々が共同生活を送る中、装身具を装着することで自らの家系・出自・性別・婚姻の有無などを、先ずは集落外の他者に視覚的に知らしめると同時に、集団内での社会的位置を絶えず自ら再認識するという意味もあったに違いない。

ところで遺跡から出土する装身具類には、石製・貝製のほかにも動物の角・牙、土や木製のものがあったが、素材が生活圏内で獲得可能な後者に対して、前者の場合には素材などの入手が決して容易ではなかった。その為なのか装身具は出土数が極端に少なく、例えば中期に盛行するヒスイ・コハク製の大珠では定住拠点である環状集落の中央墓地からのみ単数で出土する傾向が確認されていることから、その装着は当時のムラ長のような人物の地位・位階と結びついていた可能性がたかい（栗島 2010）。拠点集落のムラ長を表示する装身具の需要は少ないものの、紐帯維持や統合のシンボルという点で不可欠なアイテムであった為なのか、日本海側と太平洋側にそれぞれ1ヶ所の原産地にのみ産するヒスイとコハクを素材とした大珠は、中部日本を中心に広範且つ濃密な分布圏を形成している。

現在でも装身具が何故、どんな理由をもって人々の身体に装着されたのか明らかにされたとは言い難いものの、それが定住生活を営むなかで集団内における個人の地位・役割などを表示する道具であった可能性はたかい。重要な地位にある人物が佩用するものは、それに見合う希少材が求められていたものと考

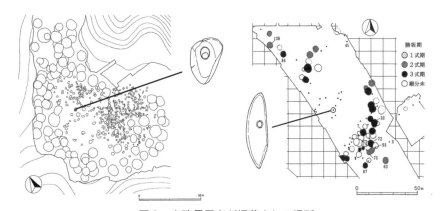

図1　大珠佩用者が埋葬される場所
（左：コハク製大珠〈長野県棚畑遺跡〉右：ヒスイ製大珠〈東京都忠生遺跡〉）

えられ、その点でヒスイやコハクはその要件を十分に満たした希少石材であった。当時の社会的評価が決して色合いや硬さなどの属性になかったことは明らかで、その証拠に硬く透明な水晶や深紅のメノウなどは見向きもされず、両者は石鏃・石匙などの石器素材としてのみ用いられた動かぬ事実がある。

　貝製品に目を向けた場合にも同様な点を指摘できそうである。貝製装身具としてもっともポピュラーな貝輪は、ベンケイガイ・アカガイ・タマキガイ・サトウガイなどの二枚貝の殻頂部を穿孔し、環状形態に整形した後に手首へ装着する。これらの素材貝は生貝ではなく海岸部へと打ち上げられた死貝であり、粗密はあるが列島の広い範囲で採取が可能となっている。海岸部で一次加工を施した後、内陸部へと持ち込まれるのが通例であったらしく、タカラガイやサメ歯、ツノガイなどと同様な流通形態を予想することが可能である（阿部2007・2014）。

　これに対してオオツタノハ製貝輪では違った様相を認めることができる。この貝は本州では伊豆諸島南部にのみ生息する希少貝で、卵型の殻表の色合いは象牙質に近い白色を呈し、放射状の肋部には紅色の筋模様を持つ。ベンケイガイやサトウガイが水深10m程の砂地に生息するのに対し、オオツタノハは岩礁部の波打ち際に生息する生貝が採取されており、形態や色調からほかの二枚

貝を素材とした貝輪とは別物でもあり、生息地が島嶼部であることから貝輪素材としての希少性は際立っていた（忍澤2011）。残念ながら貝製品である為に内陸部での発見例がなく、その社会的な扱いについての詳細は不明と言わざるを得ないが、ベンケイガイやサトウガイを素材とする貝輪とは違った価値（＝社会的扱い）が付与されてた点は間違いないであろう。

3. 装身具の加工・流通

縄文時代には様々な装身具があるが、墓壙や人骨などの調査例を見ても総ての人物が装飾品を身に付けているのではなく、特定の人物のみにその着装が許容されていたことが分かる。恐らくは縄文社会のなかで各装身具は一種の記号として機能し、それ故に土器型式圏を超えた装身具類の分布は装身具が意味するその価値・機能を共有した文化圏であったと考えられる。

具体的には大珠に限って言うならば、少なくとも拠点集落のムラ長としての地位表示の機能が、広く関東・中部日本地域に形成されていたことはその分布からも間違いない。その為に原産地である糸魚川・銚子周辺では需要に見合う集約的加工を行って広域的な流通を支えていたと推察される。新潟県の長者ヶ原遺跡と千葉県粟島台遺跡からはヒスイ、コハクの加工に関わる道具（砥石・敲石）や工程品が数多く出土しており、製品ばかりでなく原石や未製品などが大量にこうした原産地遺跡から運び出されていたことを明示している。

同様な様相がオオツタノハについても確認されており、三宅島のココマ遺跡からは殻頂部穿孔や縁辺部整形に伴う貝殻片が大量に発見されており、原産地での加工遺跡としての性格を色濃く留めている（忍澤2001）。八丈島倉輪遺跡や大島下高洞遺跡なども同様な性格を有していた可能性がたかく、殻頂部が穿孔されて環状に仕上げられた貝輪未製品は、数枚を単位に結わえられたパッケージとして本土へと運ばれていた。実際に茨城県南高野貝塚ではオオツタノハ製貝輪が纏まって出土し（今橋1980）、千葉県加曾利南貝塚では入れ子状態でオオツタノハ製貝輪が発見され（加曾利貝塚博物館1976）、いずれも内径や縁辺の整形が不十分であることに加え、殻表面の研磨も未了なことから未製品で

持ち込まれている点は疑いない。注視されるのが加曾利南と南高野の資料が同一状態にある点で、後者は伊豆諸島からの持ち出し状態のパッケージが崩されずにそのまま茨城北部へと運ばれたことを示している。オオツタノハ製貝輪が仙台湾や遠く北海道南部にまで分布する点を考えれば、貝輪パッケージは長距離交易を前提としたものであったと理解される（栗島2020）。

　縄文時代の交易を考える場合、必ずや引き合いに出されてきたのがヒスイ製品であった。原産地が特定されているうえに複数の生産遺跡が存在していることから、豊富な原石の集中的な採取・加工を経て製品化された大珠が広く列島規模で流通したとの仮説は長く支持されてきた。だが硬度7を誇るヒスイ原石の整形・研磨・穿孔などの製作工程の総てを原産地遺跡が担う経済的リスクの是非は検討されず、一方では各地から原石や未製品の大珠発見も相次ぐこととなった。そもそも緒締形や根付形など地域によって大珠形態や穿孔方向などが相違しており、地域社会が原石入手後に其々がイメージする形態に整形・研磨・穿孔していたのがその実態であり、製作工程から見た流通実態は先のオオ

Ⅲ

tool

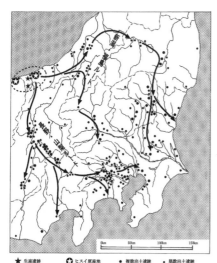

図２　ヒスイ製大珠の分布と交易ルート

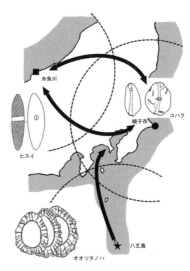

図３　文化圏を超えて流通する装身具
（破線は原産地からの100km圏内）

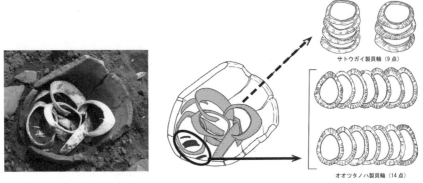

サトウガイ製貝輪（9点）

オオツタノハ製貝輪（14点）

図4　土器に収納された貝輪（冬木A貝塚）

ツタノハ製貝輪と同様に未製品状態が基本であったと推察される。

　このオオツタノハ製貝輪がパッケージ状態で陸揚げされた後、どのように内陸側へと流通させて行ったのかという点で興味深い事例がある。千葉県船橋市古作貝塚では昭和初期に工事現場から偶然、貝輪が収められた後期の壺形土器2個体が発見され、大型の1号壺からはオオツタノハ9点を含む32点（ベンケイガイ20点、サトウガイ3点）もの貝輪が発見された（八幡1928）。茨城県冬木A貝塚では1973年、後期の鉢形土器の中にオオツタノハ14点、サトウガイ7点の計21点の貝輪が収納された状態で発見された（茨城県教育財団1980、図4）。房総沿岸などで採集されるベンケイガイやサトウガイに加え、伊豆諸島南部でのみ採取されるオオツタノハが同じ土器内に収納されていること、とくにここでは土器底部にオオツタノハ製、その上にサトウガイ製の貝輪が重ねて収納されていたことが判明した。未製品状態で陸揚げされたオオツタノハが在地産と共に殻表が磨かれ、内外縁を整形・研磨して輪巾を整え製品へと仕上げられたうえ、複数枚を結わえてパッケージとされている。貝種を違わず土器内へと収納されていることは、こうした事例が内陸部側へと向かう交易待ちの状態を示すものであったと判断されるのである（栗島2020）。

4. まとめ

　縄文時代の社会が閉鎖的なものではなく開放的であった点は、地域社会の表象とされる土器の文様他からも伺えるが、冒頭でも触れたように生産用具である石器類の素材となった各種石材、その総てを賄える地域社会はそもそも見当たらない。下総台地や大宮台地の周辺では石器石材の獲得は困難であり、その他地域でも火成岩や変成岩、堆積岩の総てを生活圏内で確保できるところは皆無と言って良い。原産地からの系統追跡が可能な黒曜石のみが注目されているが、実は他の多くの石材や石器そのものが広域的な流通で確保されていたのであろう。

　ヒスイやコハクを素材とした大珠、或いはオオツタノハ製貝輪はそのような地域圏を複数跨るように広域的に分布するが、それは原産地が限られるという希少性を背景としている。通常の石材などは隣接した地域社会のなかでのやり取りが基本で、そのような交易行為のなかで互いの地域社会が獲得・入手した遠隔地からの装身具（未製品）なども交換されていったに違いない。複数の地域社会を介在させた双方向的な生活資材を含む物資のやりとり、そうした言わばバケツリレー式に連鎖する交易網のなかで、装身具を含む数々の遺物（製品・未製品）や素材、食料や嗜好品までもがやり取りされていたのであろう。

　いずれにしてもその実体は、交易網の中に各地域社会が開発した特産品や有用資源を流通させることで、前期以後の定住生活は成立していた蓋然性がたかい。そのような交易網が隣接地域を超えて広域に組織化された一つの大きな理由こそが、遠隔地にのみ産する希少材を用いて製作されたヒスイやコハク製の大珠、そしてオオツタノハ製貝輪などの広範な需要にあったと推察されるのである。

Ⅲ

tool

トチ・水場・木製品

栗島 義明

　私は発掘経験が少ない。卒業後はしばらく広くアンテナを張り各地の現場へと足しげく資料調査に行ったものだが、博物館勤務が長くなるにつれて必然的に調査や資料見学に巡り合う機会を失ってしまった。そうした乏しい調査経験の中でも、奉職直後に調査を担当した秩父市（旧荒川村）姥原遺跡は思い出深い遺跡の一つである。遺跡自体は小規模な段丘上から数軒の縄文時代中期住居を検出しただけの遺跡であったが、隣接する小さな埋没谷からクルミ・トチ・クリ等の堅果類を覆土中に含む石組遺構が多数発見された。報告書ではこれらを「縄文の水場」と捉え、住居や湧水との関係性や背景としての山間部での狩猟採集を巡る生業について考察した（（財）埼玉県埋蔵文化財調査事業団 1988）。

　10年以上も後に博物館の展示活動の一環として山間部の生業を取り上げ、その機会に秩父地域のトチの実食についての民俗調査を実施した背景には、こうした姥原遺跡の調査成果が影響していたのかも知れない。その聞き取り調査の際、知人から紹介されたK氏が持っていた「トチの皮むき石」との出会いが一つの転機となった。これを契機として数十人に対する聞き取り調査に併せて、各氏が所有する様々な形態の皮むき石を記録化すると共に、トチの実の採集・処理・加工・保存に関する貴重な民俗事例についてまとめることができたのは幸運であった。そのデータとの比較を通じて列島各地の水場出土の敲石には、明らかにトチの皮むき用に特徴的な形態や敲打面を持つものが多数確認されること、また、トチの実処理の民俗データから、遺跡で発見される「トチ塚」や「クルミ塚」などの廃棄単位は明らかに土器を用いた加熱処理単位を反映し、それが使用された土器容量と対応するとの確かな知見も得ることができた。このような聞き取りやアク抜き実験を通して、考古資料の評価・解釈に際し、確かに民俗考古学的な見方が極めて有益と判断するに至った（栗島 2007・2008）。

写真1　縄文時代中期の水場
（上が湧水地点）

写真2　トチの皮むき作業と
皮むき石（秩父市）

これも民俗考古学の範疇に在るのだろうが、トチがらみとでも言うべき研究に木地師と木製品加工に関するものがある。縄文の植物性遺物を中心とした特別展を開催した折に福島県荒屋敷遺跡の木製品、特に浅鉢を中心とした資料を展示した。事前の資料調査の際に山林資源の豊富な秩父地方には昭和40年代まで木地師の方々が、養蚕や蕎麦打ちで使用する盆や鉢を製作していたことを知った。未製品が多数を占める荒屋敷遺跡例は、縄文人たちがどのように浅鉢素材を獲得したのかを知る第一級の資料群であったが、近世の木地師たちがまったく同じ手順・手法でトチの巨木から盆や捏ね鉢の素材を剥ぎ取っていた資料を目にした時は本当に驚いた（埼玉県立民俗文化財センター1996）。これによって木製品製作時の木取りでは通常、中心部の赤身部分を避け加工し易くて狂いや割れが少ない白太部を用いており、素材獲得の方法が基本的に縄文時代から何ら変化してないことを知った。既に木地師と呼ばれる専業的職人は消滅していたが、秩父地域を中心に製材所や木材店、木鉢・椀製作に携わる方々への聞き取りをおこなうことで、木材に対する扱いや加工方法について多くを学ぶことができたことは、今考えてみても本当に貴重な経験となった（栗島2019）。

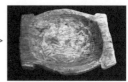

写真3　浅鉢の製作工程品（新潟市御井戸遺跡）

ところで近年では、縄文時代に限らず低地部の発掘調査で得られる知見の多さは突出している。特に皿・鉢・壺などの容器類や丸木弓、石斧柄などの木製品、編組製品など豊富な植物性遺物の存在は、土器・石器を介してしか見えなかった縄文文化を多面的に見る豊かな視点を提供する。

木製品加工に関する技術的研究、漆に関する研究、クリ・トチ・クルミなどの堅果類を中心に山菜や果実など食料資源の獲得・加工・保存に関する研究など、これまでの考古学の枠に留まらない多様で広範な研究テーマ、しかもそれぞれが縄文の人々の生活・社会・文化などと直接結びつく新たな研究の扉がまさに開かれつつある。多くの若手研究者の精力的で魅力的な研究成果が得られつつあり、老婆心ながら次世代を担う学生・院生の方々の旺盛な好奇心の目が、今後はこの方面にも向かうことを強く願う次第である。

写真4　把手付水差し形容器の工程品と完成品（新潟市御井戸遺跡）

column 5

動物考古学秘話

樋泉 岳二

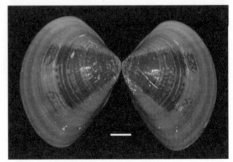

写真1　初めて採取したハマグリ
（1983 年 5 月 29 日、小櫃川河口干潟畔戸地先、
スケールバーは 1 cm）

　「秘話」とのお題をいただいたので学生時代の思い出話を書ける範囲で書くことにする。

　1970 年代後半、高校生だった私は歴史好きの自然史（生物・地質）好きという厄介な好みのため、両者にかかわることのできる分野はないか模索していた。その頃ひょんなきっかけから考古学に興味をもった私は、1980 年早稲田大学に進学、幸いにして当時日本では数少ない動物考古学（という言葉は当時まだなかったが）の専門家であった金子浩昌先生のお手伝いをさせていただく機会があり、その後貝塚の発掘に参加させていただけるようになった。

　最初に参加した貝塚調査は 1982 年、東京湾東岸縄文後晩期の代表的な大規模貝塚のひとつである千葉県市原市の西広貝塚。ハマグリやイボキサゴなどの貝殻からなる厚さ 3m 以上に達する貝層に圧倒された私は「生きている貝を見たい！」という衝動にかられ、木更津の小櫃川河口にそうした干潟が残されていることを知って現地を見に行くことにした。アシ原から後浜の塩性湿地、さらに前浜の砂泥質干潟へと続く景観は縄文時代の海岸をイメージするのに十分で、そうした環境の違いに応じて、貝塚からも出土していた多種

多様な貝類が当時はまだ生息していた。これはハマグリやイボキサゴもたくさん採れるだろうと期待は膨らんだが、実際には肝心のハマグリの生貝はわずか 1 個（図1）、イボキサゴも生きているものはわずかで、現代と縄文時代の干潟が同じものではないことを知った。この干潟体験が、今にして思えば以後の研究の原点だったように思う。

　そのような経緯で、まだぼんやりとではあったが人間と自然環境の関係性の歴史に興味を持ったが、当時の日本考古学では、「縄文人は厳しい自然環境と巧みに共生していました」などと言われていたものの、その実態を具体的に示すデータは乏しく観念論的で胡散臭さを感じていた。そうした時に、西広貝塚の調査を通じて小池裕子先生（人類学）、西本豊弘先生（動物考古学）、辻誠一郎先生（植生史学）といった当時の新進気鋭の先生方と知り合うことができたのは幸いだった。

　1960〜70 年代にかけて、欧米の人類学や

考古学ではヒトと自然の関係性の実証的研究（いわゆる「生態学的研究」）が活発化しつつあった。こうした流れを受け、1970年代後半には日本でも考古学と自然科学の学際的研究の推進を目的とした科研費特定研究、いわゆる『古文化財』プロジェクトが進められていた。その中で小池先生は当時としては世界でも先端的な貝殻成長線分析の研究を通じて、季節性の面から貝類利用の実態解明に取り組まれていた。これがひとつの突破口になるのではないかと感じた私は、当時先生が在籍されていた埼玉大学に寝泊まりしながら研究方法を学び、西広貝塚の貝類の採集季節を主題として卒論を書いた。また小池研究室の卒論仲間に珪藻分析による東京湾の古環境復元に取り組んでいた小杉正人さん（故人）がいた。小池研究室での東京湾の貝塚と古環境の関係をめぐる議論は楽しく、また以後の私の研究の基礎となった。

　当時、『古文化財』をはじめとして、様々な異分野の研究者が実験的なコラボレーションを通じて新しい研究を生み出そうという気運が高まっていたように思う。何も知らない学部生であった私にも、小池研究室を通じてそうした熱気のようなものは感じられた。考古学以外にもさまざまな異なった学問的背景をもつ先生方と接するのは楽しく、大いに勉強になったが、その一方で、当時そうした研究者間の関係は必ずしも友好的なものばかりではなく、時として激しいやりとりに接する

こともあり、まだ生意気なだけで世間知らずだった私は戸惑うこともしばしばであった。今でこそ「学際研究」とか綺麗ごとのように言われるが、学際研究が単なる仲良しサロンではないとうことを実体験できたのは大きな教訓となった。

　大学院に進学した私は、魚類や鳥獣類も含めた動物資源利用の総合的な復元に取り組みたいと考え、開館後間もない国立歴史民俗博物館に着任されたばかりの西本豊弘先生にお願いして魚骨や鳥獣骨の同定を学び、西本先生らによって1984年に行われた愛知県伊川津貝塚の生業復元で修士論文を書いた。その他にも修士時代には明石西八木海岸や長崎県伊木力遺跡など全国各地の発掘に参加することができた。実際に層序や遺物の出土状況を見ながら議論できる発掘現場は私にとって最高の教室であった。当時の日本考古学では、いわゆる「ニューアーケオロジー」が流行していたが、頭でっかちで実証性に乏しい欧米の方法は私にとっては魅力的ではなかった。また当時の発掘には様々な大学の学生が泊まり込みで参加することも多く、学生間の交流も盛んだった。これらの調査を通じてできた研究仲間とのつながりは今も私の大切な財産である。シラバスや出席でがんじがらめにされた現在の大学の状況を思うと、そうした時代に学生時代を過ごすことができた私は幸せだったと思う。

5 縄文時代の木製品

栗島 義明

1. はじめに

　縄文時代を研究する場合にもっともオーソドックスな対象が土器、そして石器である点については改めて説明するまでもない。とくに石鏃・石匙・石斧や石皿・磨石など地域性や型式変化に乏しい石器群に比べ、土器群は地域ごとの形態・組成差に加えて各種文様の変化が顕著であり、細かな型式学的研究を通じた編年や地域性の抽出、地域間の交渉関係等々と言った各種考古学的研究の展開が試みられている。

　縄文時代に様々な植物性遺物の存在することは古くから知られており、すでに大正年間に発掘調査が実施された青森県是川遺跡や埼玉県真福寺貝塚など、低湿地遺跡とされる場所からは豊富な木製容器や装飾品類が発見されていた。その後は 1950 年代に千葉県検見川や埼玉県膝子などで丸木舟発見の報告が相次いだが、本格的な植物性遺物群の発見は 1970 年代から本格化した福井県鳥浜貝塚の調査を嚆矢とする。鳥浜貝塚では前期段階からの豊富な木製容器類の存在が明らかになると同時に、丸木弓や石斧柄、櫂・丸木舟など狩猟具類や生活資材にまで至る多種多様な縄文時代の木製品類の存在が明らかとなった。その後は埼玉県寿能遺跡や山形県押出遺跡、そして東京都下宅部遺跡など相次ぐ低地遺跡の調査を通じて、縄文時代には多種多様な木製品が豊富に存在し、櫛や腕輪などの装身具から丸木弓や石斧柄、櫂や丸木舟、そして椀・皿・鉢などの容器に至るまで、植物を素材に多くの生活資材が製作されていたことが明瞭となったのである。

　石器や土器などがその素材の性質・属性から特定の道具との対応関係が成立

90

木製水差形容器未製品出土状態　　　　漆塗水差形容器　　　　脚付漆塗木製鉢（復原）
新潟県御井戸遺跡＜晩期＞　　　　新潟県分谷地A遺跡＜後期＞　　茨城県上境旭台遺跡＜晩期＞

写真1　各種の木製容器

させているのに対して、これらの木製品類は道具の種類を超えて、ある意味で普遍的な素材として縄文人の生活に関わっていたようである。興味深い点は彼らが豊富な植物に関する知識を基に、製作する道具の性質・機能に見合った特徴を備えた樹種を厳選した様子が明瞭に伺えることにある。例えば丸木弓（マユミ・ニシキギ）、石斧柄（コナラ・ブナ）、丸木舟（スギ・クリ）、櫂（ツバキ）、容器（トチ・サクラ・イヌガヤ）などのように、縄文人がそれぞれの道具の特性に見合った材質—硬さ・弾力性・耐水性等々—を持つ樹種を見極めたうえで使用していたことは間違いない。クリやクルミ、トチなどの堅果類を主食としていた縄文人たちが、広範で膨大な植物資源に関する経験則に基づく知識を有していた点はある意味当然でもあり、縄文文化が「木の文化」又は「森の文化」と表現される理由は、そのような植物資源との親和的な関係の基に成立していたからに他ならない。ここではとくに彼らの生活を支え彩った木製容器類に焦点を当て、その素材選択から加工工程を経て生活品として利用されるまでの工程的な姿を紹介し、改めて縄文人の生活の中で木製品の果した役割について触れておきたい。

2．木製品の製作

　低地部の遺跡が調査された場合、ほぼ例外なく木製容器類の発見が報告されている。有名な鳥浜貝塚や下宅部遺跡を残したのは2～3軒の住居を残した数

世帯の人々であり、両遺跡からの出土品を見れば如何に各種の植物質製品が
人々の生活を豊かに支えていたかが理解できよう。中でもとくに注目されるの
は大型で加工の困難な数々の木製容器類にあり、鉢・皿類を中心に大小様々な
形態の木製容器が生活の中に取り入れられており、その種類や数は土器と比べ
ても決して見劣りするものではなかった。

　各種木製の容器類については、すでに縄文時代の前期（6000 年前）から器種
分化が見られ、壺や鉢、盆、皿などの多様な形態を確認することができる。そ
の後は把手付浅鉢や柄杓形容器を加え、後期段階以後は深鉢や椀、脚付の大
皿・鉢、ランプ状容器などが加わり、赤・黒の漆による彩色に加えて線刻や象
嵌などの文様描出技法も著しい発展を遂げている。とくに鉢形の容器では胴部
が膨らんだり、口縁部に段部を形成したり、内湾・外湾などの湾曲を持たせて
形態に柔らかな変化を持たせている点も見逃すことができない。

　そもそも木製容器に関しては現在に至るまで、我々日本人にとってはとりわ
け馴染み深い食器となっている。お盆や鉢、椀や各種皿など我々の食卓を飾る
木製品の多くはケヤキやブナ、サクラ、トチなどを素材とするが、こうした容
器製作に伴う樹種選択は縄文時代から何ら変わっておらず、石から鉄へと製作
道具は変わっても口径の大きな素材（丸太）からどのように容器素材を獲得す
るのか、その素材獲得や製作方法については同一工程を踏まえていたことを追
認することが可能である。

　さて、素材から木製容器を製作する場合、もっとも重要なことはその木取り
方法にあり、木の生育方向に対しての横位部位を使用する「横木取り」と、縦
位部位を用いる「縦木取り」とに二分され、前者の「横木取り」では木目に
沿って素材木を分割、あるいは厚い板状ブロックを得て容器素材とする。こ
の木取り方法は大型容器を製作するのに適している（中川 1988、図 1）。一方で
「縦木取り」の方法では木の生育方向に沿った木取りであることから、製品に仕
上げてからの変形が少なく、薄く仕上げられるうえに衝撃に強いという強度面
での利点を備えている。縄文時代の木製品の殆どは「横木取り」された素材を
用いているが、一部の水差し形容器や筒形容器では「縦木取り」された素材が

用いられ、器種やその形
態によって縄文人が素材
獲得の方法を使い分けて
いた点は間違いない。

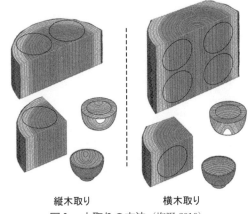

　次に「横木取り」に
よって得られた素材をど
のように加工して、各種
の木製容器へと仕上げて
いったのか、具体的な製
作工程について民俗例と
遺跡出土例の双方の紹

縦木取り　　　　横木取り
図1　木取りの方法 (塩野 2010)

介・検討を踏まえることで明らかとしてみたい。

（1）木地師の技術

　木地師は椀や盆・皿などの木製品を製作した職人で、近世に至るまでトチやブナの巨木が生育する山中で専らその製作をおこなっていた。伐採する原木は径1m以上のもので、伐採後は中心が硬くて油分を含む赤身を避けるようにして周囲の白太部分を剝ぎ取る。この素材獲得方法が独特で、伐採後に軸方向に斧でV字状の切れ目を数か所入れ、木目に沿って楔を打ち込むことで直方体状のブロックを剝ぎ取る工程を繰り返す。この場合に切れ目の間隔は製品の長さに対応し、その深さは製品の高さ（深さ）に呼応する極めて効率的な素材獲得方法で、これを「分割横木取り」と呼んでいる（栗島 2006・2007）。

　こうして1列から容器素材となる複数のブロックを剝ぎ取った後、原木を90度、あるいは180度回転して同様に「分割横木取り」を一列単位で実施してゆくことで、原木の白太部を要領よく連続的に剝ぎ取ってゆく。こうすると原木の径（太さ）にも拠るが、1本から数十個もの木製品素材を得ることができ、椀の場合にはその数が百を上回っていたという。伐採箇所で「分割横木取り」で得られた素材は、仮小屋へと持ち帰り手斧で粗削りされた後、轆轤を用いて椀や皿などの製品へと仕上げられていった（田島町教育委員会 1976、飯野 1995）。

図2　木地師による「分割横木取り」（粟島 2007）

写真3　浅鉢の製作過程
（荒屋敷遺跡）

（2）荒屋敷遺跡の木製品

　福島県の荒屋敷遺跡では、地表面下－2mより段丘崖の崩落土によってパックされた縄文時代晩期の木製品集中（3×4m）が見つかっている。木製容器に加えて丸木弓、石斧柄、竹籠などの素材や製作工程品、未製品が多数発見され、複数の柱痕の存在からここが木製品の貯蔵施設だったことが分かる。

　集中部には浅鉢に限っても 50 点程が存在し、その内訳を見ると樹皮を残す直方体状のブロック（26点）、周辺部が加工された工程品（17点）、そして内外面に整形が及んだ未製品（6点）で構成されている。材質は総てトチノキであった。樹皮残存の素材は原木伐採箇所に於いて「分割横木取り」されたもので、それを集落へと持ち帰って貯蔵施設内へと収めていたのであろう。素材・工程品・未製品を一定割合で確保しておくことは、明らかに完成品需要・補充を見越しての危機回避的な行為であったと見做すことができる。ちなみにこの場所では石斧柄や丸木弓、そして竹籠などについてもそれぞれ、一定量の素材、工程品、未製品が発見されており、以下に述べるような「切り旬」にまとまった資材を周囲の山々で確保し、適時、余裕をもって集落内で製品に仕上げるようスケジュールが組まれていたと推察される。

3. 木製品の管理

同一樹種を素材に木製容器を製作する場合、時代を超えて素材獲得方法や製作工程などを同じくするのは至極当然とも言える。荒屋敷遺跡の容器素材に残る樹皮面から復元すると、素材となったトチ原木の径は1m以上あったことが判明しており、その総てが白太部のブロックであることから、油分が多く硬く狂いを生じる赤身部分は伐採箇所に打ち捨てられていたのであろう。民俗例でも赤身部を含む原木の約7割は廃棄されており、運搬効率を考えても伐採箇所での素材獲得は合理的な行動と理解される。また集落周辺のトチノキは縄文人にとっても重要な食用資源であることから伐採対象とならず、必然的に集落を離れた場所に生育するトチ材から素材を獲得し、その加工・整形などは集落へと持ち帰った後に進められていたに違いない。では何故、倉庫のような場所にほかの植物質遺物と共に保管されていたのであろうか。実は木製品を考える場合の重要なヒントがそこに隠されているのである。

トチやクリ、クルミなど、縄文人の主食ともなった堅果類に収穫時期があったように、実は木材や竹、草本、蔓や樹皮などにも伐採や採取に適した時期（切り旬）がある。サクラなどの樹皮やカラムシなどは夏場までの成長期に採

写真4　荒屋敷遺跡木製品集中区
（浅鉢素材や柱痕が見える）

図3　荒屋敷遺跡木製品集中
（アミ：浅鉢、黒：石斧柄）

取し、蔓は夏から秋にかけて、そして竹や木材の伐採は秋から冬が「切り旬」
であって木質部での水揚げが止まり木材自体に養分が少なく、製品に仕上げた
場合には狂いや割れ、変色や虫食いが少なくなる。我々はどうしても見落とし
易いが、食料となる木の実と同じく、木製品についても一年のなかで伐採でき
る時期は限られていることから、効率的かつ集約的に素材獲得を進めて後、木
の実と同様に集落内へとそれらを保管・貯蔵しておく必要があった訳である。

　荒屋敷遺跡では巾の整えられたサクラ・シラカバの樹皮、そして半裁された
ササの束も発見されていることから、縄文人は土器・石器以上に木製品などの

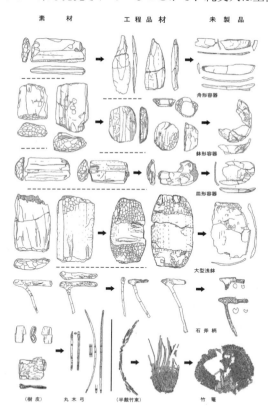

素　材　　　　　工程品材　　　　　未 製 品

舟形容器
鉢形容器
皿形容器
大型浅鉢
石斧柄
（樹皮）　丸木弓　（半裁竹束）　竹篭

図4　荒屋敷遺跡に見る木製品構成

製作については計画的に
進めていた蓋然性がたか
い。季節ごとに旬な植物
資源を生活圏内で獲得し
て集落へと持ち帰り、順
次、素材形態から断続的
に製作工程を踏まえるこ
とで製品に仕上げる。す
でに使用している木製品
が欠損した時や他の場所
へと持ち運ばれた場合に
は適時、その補充が滞り
なく成し遂げられるよう
に未製品や素材が集落内
に常備された状態に保た
れていた。例えば浅鉢の
素材・工程品・未製品が
数量を違えて存在するの
は、製品浅鉢が欠損した
場合に未製品を仕上げて

直ぐに補充し、その後は工程品を未製品に、素材を工程品に順次繰り上げてゆく、機能的かつ連動的なシステムが存在したのである。

4.　まとめ

　縄文時代の木製品については、正直なところ未だに十分な資料発見に至っているとは言い難い。土器型式に見られる程ではないが、地域によって同じ鉢や皿などでも把手・高台などの付属部位に相違性が観察可能で、素材樹種の違いや加工方法なども含めた詳細な検討は、今後に残された重要な研究課題である。また木製品の殆どが漆による彩色を経て完成品となっていることから、木製品に施された漆文様に関しても今度は大きな研究テーマと認識されよう。

　しかしながら木製品の製作やその役割を研究するには、上記したように何よりも資料的制約が大きいと言わざるを得ない。地域・時代を俯瞰するに足る資料蓄積が何よりの課題であるが、それと併行して探究しなくてはならない課題もある。それは本論でも触れた木材や草木等々に関する植物学的な知見、並びに有用植物に関する民俗学的な知識に関する探査と研究についてである。土器・石器というスタンダードな遺物研究に対して木製品に関する研究は端緒に就いたばかりだが、素材となった植物の特定が可能な点に加えて、その特質や生育状態、獲得技術や利用方法などの具体的なノウハウについては膨大な民俗学的知見もある。石器や土器がどのように使用され、どんな機能を果たしたのか、道具や容器として様々な場面で活用された木製品との関係性を見直すことも喫緊の課題と言える。

　本論では木製品の中でもとくに木製容器に焦点をあて、一連のライフヒストリーについて資源調達や製品管理などの側面から検討を加えた。その中では縄文人たちが日常的に駆使していた、生活領域内に分散している有用な植物資源を生態学観点から認知するメンタルマップ、その資源をどのような時期・状態にどんな手段で獲得するのかというフォークノレッジの潜在的関与についても触れた。実はこれらの問題に関する深耕こそがもっとも重要であり、魅力ある研究テーマであるのかも知れない。

6 編組製品

佐々木 由香

1. 編組製品とは？

　かごやざる、敷物などは、編組製品と呼ばれている（佐々木 2014）。編組製品とは、文字通り「編む」と「組む」技術によって作られた製品をさす。通常、考古学では、木で作られていれば木製品、漆が塗られていれば漆製品というように製品の素材を製品名に冠するが、編組製品は技術が名称に付されている。編組製品は、編み目の間隔を狭くすればざるになり、広くすれば篩になるように、技法や素材の間隔を少し変えれば様々な用途に使える製品になるという利点がある。さらに藁を使えば袋のようなかごになり、竹を使えば重い物でも運搬できる堅くかっちりとしたかごになるように、素材を変えれば同じ編組技法でも異なった用途の製品となる。このため、技法と素材の選択は編組製品の機能を考える上でもっとも重要な要素となる（図1、佐々木ほか 2014）。

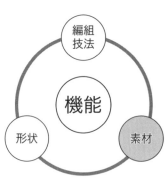

図1　編組製品の構成要素
（佐々木ほか 2014）

　編組製品の素材には、木本植物（樹木）の木材（木部）や樹皮、根、木本性または草本性のツル植物の木部や樹皮、ササ類の稈など、多様な植物の様々な部位が使われる。考古学ではこれまでもっぱら編組製品の技法が研究対象とされており、素材植物はほとんど検討されていなかった。その要因の一つとして、編組製品の素材には遺存しにくい若年枝や細く割り裂いた木材が多く使われ、出土状態の維持が難しかったため、出土資料から植

物組織の標本を作製して同定するのは簡単ではなかった点があげられる。しかし、近年、素材植物の組織を樹脂に埋め込んで切片を作製する「樹脂包埋切片法」が開発され、現生の若い植物の対照標本が収集されたことによって、保存処理された製品や脆い遺物でも素材植物が同定可能になった。

2. 縄文時代の編組製品

　日本列島で一番古い実物の編組製品は、縄文時代早期初頭の滋賀県大津市粟津湖底遺跡から出土した約 15000 年前のものである。出土資料は小さく、形態が不明な破片であるが、編み組みが確認できる。完全なかごの形で出土した最古の例は、佐賀県佐賀市東名遺跡から出土した編組製品で、縄文時代早期後葉の約 8000 年前のものである（口絵、図 2）。東名遺跡は国内最古の低湿地性貝塚であり、縄文海進が最高水位に達する直前の地下水位が高い時期に、有明海の沿岸で人々が活動していた場所である（佐賀市教育委員会 2016・2017）。そのため、通常の遺跡では残らない動植物遺体が多量に堆積物中に保存され

ていた。かごなどの編組製品はきわめて良好な状態で残っており、単一の遺跡から出土した編組製品としては現在のところ世界でもっとも多い約 740 点が出土した。貝塚域からは、長軸が 40cm 以上残存している編組製品が約 244 個体出土した。土器の貝塚域における最小個体数（底部の 1/3 以上が残存）は約 240 個体であり、編組製品とほぼ同数であった。このように、東名遺跡では多くの編組製品が土器とともに使われていた。

　東名遺跡から出土した編組製品で圧倒的に多いのはかご類で、約 730 点が出土した。とくにイチイガシなどのドングリ

口閉紐（ツヅラフジ）
耳部（ツヅラフジ）
体上部ござ目（イヌビワ）
帯部もじり（ツヅラフジ）
帯部ござ目（ツヅラフジ）
体下部網代（イヌビワ）

図 2　佐賀県東名遺跡出土かごの復元品

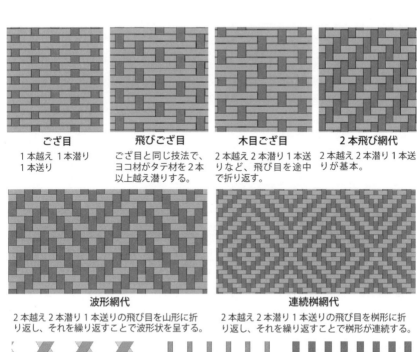

ござ目
1本越え 1本潜り
1本送り

飛びござ目
ござ目と同じ技法で、ヨコ材がタテ材を2本以上越え潜りする。

木目ござ目
2本越え2本潜り1本送りなど、飛び目を途中で折り返す。

2本飛び網代
2本越え2本潜り1本送りが基本。

波形網代
2本越え2本潜り1本送りの飛び目を山形に折り返し、それを繰り返すことで波形状を呈する。

連続桝網代
2本越え2本潜り1本送りの飛び目を桝形に折り返し、それを繰り返すことで桝形が連続する。

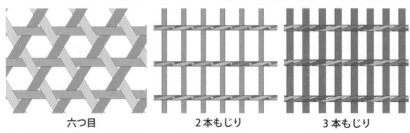

六つ目
水平と左右斜め方向の3方向から組まれ、六角形を形成、1本越え1本潜り。

2本もじり
タテ材を2本のヨコ材で上下から挟み、タテ材間でもじっていく。

3本もじり
タテ材を3本のヨコ材で上下から挟み、タテ材間でもじっていく。

図3　東名遺跡で確認された編組技法模式図（佐賀市教育委員会 2009）

類を水漬けするために使われた高さ約60cm以上の大型のかごが多数出土した。水漬けの目的は虫殺しと考えられており、低地に穴を掘ってそこにドングリ類を入れたかごを据えて、水位の変動などで流されないように細い杭で留めて設置していた。編組製品には、水漬け用の大型のかごだけでなく、運搬用と思われる高さ約50cm以下の小型のかごや、ざる、敷物、縄類なども見いだされた。

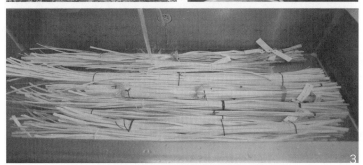

写真1 かごの製作実験（佐賀市教育委員会2017）
1：ムクロジ採集（宮崎県西都市 2012 年 10 月 15 日撮影）
2：ムクロジを剥ぐ 3：ムクロジのへぎ材を水に浸ける

さらにそれらの素材となる植物を束ねた素材束も確認され、材料の加工から製品の製作までが行われていたことが明らかになった。

　東名遺跡では、大きなかごはイヌビワやムクロジといった落葉広葉樹の木材を割り裂いたヘギ材で作られていた。イヌビワのかごは、上部は「ござ目」、中央は「もじり」、下部は「網代（あじろ）」という技法で編まれていた（図3）。素材も本体のござ目と網代の部分はイヌビワのヘギ材、黒い部分のもじりの部分はツ

ル植物のツヅラフジというように、部位ごとに異なる技法や素材植物が用いられていた（佐賀市教育委員会 2016・2017）。また、ツル植物を用いたもじり部分でタテ材の本数を重ねて少なくし、口がすぼまる形に作りだしていた。

　かごの材料となるイヌビワやムクロジは、幹を楔で割り、石器で板状にして、最後は口と手を用いて薄いヘギ材にしていたと考えられる（写真1）。木材に粘りがあるのは、若い木の根元から1〜2mぐらいの幹であり、製作実験をしたところ、それより上部の材は粘りがなく、ヘギ材にすると割れてしまう。ムクロジは、現在の佐賀市周辺ではかごのへぎ材が作れるほど素性が良い若い木はあまり生えておらず、大分県日田市や宮崎県西都市まで行って採集した。ツヅラフジやテイカカズラといったツル植物も、木に絡まって巻きついて登っていく蔓は、節があったり枝分かれしていて、割り裂いてかごの素材にするのには適していない。かごにするには地面を横に長く這っていて、葉がついていない蔓が適している。東名遺跡で使われている素材植物は現在の九州地方に普通に生育している植物であるが、かごに適した材料となると、現在の森林中では集めるのは簡単ではない（工藤・国立歴史民俗博物館 2017）。

　東名遺跡の編組製品の素材と技法は密接に対応している。ムクロジ製のかごには、イヌビワ製のかごと基本的に同じ技法が用いられるが、ムクロジ製の網代には、複雑なひし形模様が組み合わさる連続桝網代や波形にみえる波形網代で編まれているものも多かった。しかし、実物でも実測図でも文様は明瞭ではない。こうしたかごの機能とは直接には無関係な複雑な編組技法は、東名遺跡のかごを最古の例として、全国的に8000年前から6500年前ぐらいの縄文時代早期から前期に多用される（口絵）。また、九州地方の縄文時代早期〜中期頃までは、落葉あるいは常緑広葉樹の木材を割り裂いたヘギ材が頻繁に使われており（佐々木 2015・2018）、技法や素材は時期・地域的な傾向と整合的であった。

3. 素材植物の地域性と時期による違い

　九州地方以外をみてみると、四国地方では九州地方と同様に常緑広葉樹林に生育するイヌビワやカシ類などの木部や、ツヅラフジやテイカカズラなどのツ

ル植物の木部が利用された。北陸地方では、ヒノキやサワラ、アスナロといっ
たヒノキ科の針葉樹や、カエデ属やコナラ属コナラ節などの広葉樹、マタタビ
のようなツル植物の木部などが選択された。東北地方では、落葉広葉樹林に生
育するカエデ属やトチノキの木部や、スギの根、ヤマブドウなどのツル植物の
樹皮などが選択された。関東地方と沖縄では、タケ亜科（ササ類）の稈がもっ
ぱら使われていた。このように、縄文時代の編みかごに用いられた素材植物に
は地域性が存在した。

　縄文時代には後氷期の環境変遷にともなって植生が変化するが、素材植物の
地域性は縄文時代を通じて概ね以上の５つの地域で維持された（図4）。唯一異
なるのは九州地方で、縄文時代早期後葉から前期頃まではムクロジやカシ類な
どの広葉樹とツヅラフジなどのツル植物の木部が使われていたが、次第に常緑
広葉樹林に生育するウドカズラやテイカカズラ属などのツル植物がもっぱら使
われるようになった。九州地方における素材植物の選択の変化には、縄文時代
早期後葉以降にカシ類やクスノキ科などからなる常緑広葉樹（照葉樹）林が拡
大した点が影響したと考えられる。東名遺跡の時期は植生の移行期にあたり、
種実ではドングリ類の利用が落葉樹のクヌギから常緑樹のイチイガシに変わる
時期であり、木材を割り裂いたヘギ材とツル植物を共に使う多様な素材の選択
が可能な時期であった。九州地方では後・晩期になると、非常にシンプルなも
じり編みという技法が主流になり、素材の選択もツヅラフジやテイカカズラ属
などのツル植物にほぼ限定されるようになる。さらに、福岡県久留米市正福寺
遺跡では、ツル植物のウドカズラの根（気根）も使われていた（口絵）。ウドカ
ズラは非常に大型のツル植物で、地上の蔓の部分は枝分かれが多く、固くて編
めない。しかし空中に垂れ下がっている気根はしなやかで細く、複雑な編み方
が可能である（工藤・国立歴史民俗博物館 2017）。

　約3500年頃以降の縄文時代後期中葉から晩期になると、全国的に素材植物
の傾向が大きく変わり、「籃胎漆器」と呼ばれるササ類のかごに漆を塗った容
器が増えてくる。籃胎漆器はかご類の素材植物の地域性を超えて、北海道の道
南や東日本から琵琶湖周辺まで分布する。つまり、籃胎漆器の分布の広がりと

Ⅲ

007

・ 編組製品出土遺跡
。 籃胎漆器出土遺跡

落葉広葉樹林の
木材とツル植物
多用地域

ヒノキ科とツル植物
多用地域

タケ亜科（ササ類）
多用地域

照葉樹林の木材と
ツル植物多用地域

タケ亜科（ササ類）
多用地域

図4　縄文時代の編組製品の出土遺跡の位置と素材植物の地域性
（佐々木 2018 を一部改変）

共に、ササ類が使われるかごの分布域が拡大した。

4. 縄文時代の編組製品からみえる資源管理

　ついで縄文時代後期の 3500 年前頃のササ類の編組製品の素材と技法を、東
京都東村山市下宅部遺跡から出土した編組製品でみてみると、素材はすべてア

ズマネザサと推定されるササ類であった。そのヒゴはきわめて薄く細長く調整されており、現在の竹かご作りと同様、稈の内側の柔らかくて構造が粗い部分を削ぎとり、ヒゴを厚さ0.2～0.5mmまで薄くしていた。またここでは、細かく密に編む技法には薄いヒゴを、ざっくりと編む技法には厚めヒゴを使うというように、技法に合わせてヒゴの厚みも調整されていた（図5）。ヒゴを薄く剥ぐには、素材の素性や生育年数、採取季節の選択が重要であり、さらに良い素材を一定量定期的に得るためには、素材選択に加えて、素材植物の管理も必要となる。縄文時代の編組製品製作の背景には、良い素材が得られる環境があり、材料を確保するための高度な植物資源の管理技術が存在したと想定される。

　こうした縄文時代の編組製品の技法と素材植物の調査と復元実験によって、次の点が明らかになった。まず、編組製品の大きさや形態に合わせた素材植物と技法の選択が約8000年前の縄文時代早期には確立していて、東名遺跡でみられた技法は概ね現代まで引き継がれているという事実である。ついで、素材となる植物は技法に適していても素性が良くなければ製作できず、素材植物の採集時期や生育年数、生育環境を管理していないと、かご作りは恒常的にはできない。したがって、かごを恒常的に製作していた集落では、かごに適した素材植物をムラの周辺で管理していた可能性が高い。おそらく、縄文人は、かごの素材が得やすいように植物の生育環境を整備して、得られた素材を束やヘギ材、丸い輪などの形でストックし、加工する前に水漬けしていたのであろう。こ

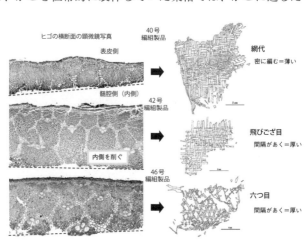

図5　下宅部遺跡出土編組製品の素材の厚さと技法との関係

うした材料の保管形態も現在のかご作りと共通しており、復元製作を通して、遺跡におけるかご作りの過程も明らかになった。

5. 編組製品の特質と縄文時代における位置付け

編組製品は素材や形状は変わっても現代まで残っている。縄文時代にかぎらずかごなどの編組製品の素材には、人が居住している空間の身近な資源を利用する。そこが土器や石器との大きな違いである。我々の生活に根付いている身近な文化、技術であることが、現在まで編組製品が継続する一つの理由となったと考えている。

縄文時代の編組製品の研究から、縄文時代のかご作りは、身近に入手できて、技法に相応しい植物を選択して行われた様相がみえてきた。これまで縄文時代の人々は単なる「狩猟採集民」とされてきたが、少なくとも植物に関しては資源管理を行っていないと、東名遺跡で出土したような大型のかごを大量には作りえない。8000年前ごろの東名遺跡は日本列島において植物の資源管理が行われていた最初期の段階を示しているのであろう。一方、同じころの中国大陸では、イネが野生稲から栽培化されて狩猟採集から農耕に社会が移行し、縄文時代前期に相当する6400年前ごろには本格的な稲作が行われていた（工藤・国立歴史民俗博物館2014）。日本列島では、8000年前ごろに、食糧生産ではなく、かごなどの道具作りのために植物資源が管理されていた。日本列島の縄文人が狩猟と採集を行っていたころ、中国大陸の新石器時代人は農耕を行い、中国大陸の方が発展した社会として捉えがちであるが、社会の発展度という違いではなく、広大な平野を利用して食糧生産・増産を行うか、起伏に富んだ山野で森林資源を多様に利用するのかの土地利用の違い、適応形態の違いであったのではないだろうか。

縄文人は身近な植物資源を最大限利用できるエキスパートであったのである。縄文時代に限らず、編組製品の研究は植物資源利用や植物管理の形態を明らかにすることに繋がる。今後、資源利用の視点から編組製品の研究が増えることを期待したい。

7 漆器とその作成技術

本多 貴之

1. 漆器の製作技術解明とは

日本における漆においては ^{14}C 炭素年代測定法により確認されている漆の枝で約 12,600 年前（鈴木ほか 2012）までさかのぼることが出来る。実際に漆を使った製品の出土はこれよりも若干新しくなり、垣ノ島 B 遺跡の副葬品で見られた約 9,000 年前が最古の漆製品である。その後の時代では縄文時代前期頃の遺跡から鮮やかな模様の施された漆器が発見されるようになってくる。

このようにして出土した漆器の分析を行う目的は大きく分けて【1】使われている材料から当時の材料入手法やそれらの流通を明らかにする、【2】作った手順を明らかにすることで当時の製作技術を明らかにする、の 2 つである。例えば、赤色の顔料として使われている弁柄（酸化鉄）という材料であれば、その粒子形状や粒度から鉱物を砕いて作ったのか、微生物が作った弁柄を使ったのか、水簸などで粒子を選別したのか、などの情報が得られる。また、製作手順を明らかにする為に用いる断面観察からはその漆器の下地にどのような物を使っていたのか、塗り直して修理して使われたのかといったことがわかる。本項では具体的な分析事例を交えながら縄文時代の中でもとくに技術・材料が多岐にわたる縄文時代後晩期の漆器作成技法を紹介する。

2. これまでの研究の経緯

文化財科学の分野における漆器の非破壊分析としては蛍光 X 線による顔料解析や透過 X 線による胎構造の分析、マイクロスコープなどを利用した顔料の大きさの計測などがあげられる。とくに透過 X 線による漆器内部の非破壊分析は

解像度（測定の細かさ）が向上し、より緻密な画像が得られる様になっている（片岡ほか 2017）。また、透過 X 線像を元に 3D プリンターを用いて自由なサイズでレプリカを作成することで用途の解明などにつながることも期待されている（石原ほか 2020）。しかしながら透過 X 線撮影は漆器表面に赤色顔料の一つである水銀朱（硫化水銀）が塗布されていると内部が撮影できない、顔料などが何も入っていない漆の多層膜については観察が困難である。このような非破壊分析では測定出来ない要素については小片を樹脂に埋め込み薄く切断した後に、顕微鏡で観察する手法がとられる（薄片観察）。この手法を用いると、その薄片に対する蛍光 X 線分析によって各層における顔料の存在などを確認することが出来る。

　一方で、蛍光 X 線などの X 線を利用した分析は同一の元素で構成されている材料の分析は苦手としている。具体的には炭素、水素、酸素を中心とした元素で構成されている有機化合物がこの条件に当てはまる。そして漆は典型的な天然有機化合物であるため、X 線を用いる分析手法ではなく、熱分解−ガスクロマトグラフィ／質量分析法（Py-GC/MS）と呼ばれる手法で分析される。この手法は1995 年に新村らによって発表され、それ以降の漆と思われる試料に対する有用な分析法として世界で用いられることとなった（新村ほか 1995）。

　縄文時代に限って考えると、漆は数少ない自然から入手することの出来る接着剤かつ塗料であり、これの代替としては天然アスファルトがあげられるため、これらの識別のために Py-GC/MS が用いられる。また、漆の改質を目的として乾性油（えごま油など）が加えられた場合にはこれも明らかにする事が可能である。

3．最近の分析事例から分かること

　縄文時代に作成された漆製品をその胎で大別すると土器、木器、籃胎、そのほかの四つに分類できるであろう。今回は北関東の遺跡を中心に木胎と籃胎における塗りの分析事例を紹介する。

　まず始めに紹介するのが埼玉県さいたま市の南鴻沼遺跡の出土漆器である。南鴻沼遺跡は縄文時代中期から晩期の遺跡であり漆器以外にも数多くの遺物が出土している。今回は木胎製品を中心に各時期の技術の変遷を紹介する。

　南鴻沼遺跡では縄文時代中期から後期中葉に分類される赤色の椀や鉢の塗膜分析を行った。中期の椀や鉢の場合には木胎に対して何も混ぜていない漆（生漆）を塗った後に弁柄を混ぜた漆（弁柄漆）を1層もしくは2層塗布していることがわかる（写真1・2）。これが縄文時代後期前葉に入ると最下層に炭が混ざった漆を塗布する例（写真3）や生漆と弁柄漆を複数回塗り重ねる例（写真4）が見られるようになる。一方で明らかに色調の違う弁柄を使っている例（写真5）や水銀朱を混ぜた漆（朱漆）を使った例（写真6）も出現する。これらの事柄は塗り重ねによる色の調整や新しく入ってきた水銀朱と弁柄の使い分けをしていたことをうかがわせる。加えて、南鴻沼遺跡の弁柄は鉱物由来の弁柄に加え、微生物由来のパイプ状弁柄と呼ばれるストローのような形状の弁柄も散見されるためこの2種類の弁柄も巧みに使い分けていたことが示唆される。

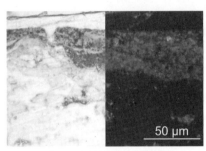

写真1　木胎漆器の塗膜構造
（縄文時代中期・南鴻沼遺跡）
左：透過像、右：クロスニコル像

写真2　木胎漆器の塗膜構造
（縄文時代中期・南鴻沼遺跡）
左：透過像、右：クロスニコル像

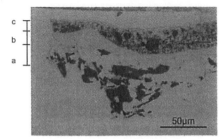

写真3　木胎漆器の塗膜構造
（縄文時代後期前葉・南鴻沼遺跡）透過像

透過光
写真4　木胎漆器の塗膜構造
（縄文時代後期前葉・南鴻沼遺跡）透過像

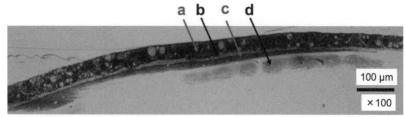

写真5　木胎漆器の塗膜構造（縄文時代後期前葉・南鴻沼遺跡）透過像

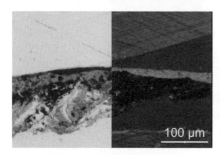

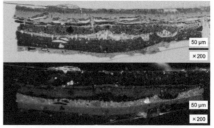

写真6　木胎漆器の塗膜構造
（縄文時代後期前葉・南鴻沼遺跡）
左：透過像、右：クロスニコル像

写真7　木胎漆器の塗膜構造
（縄文時代後期前葉・南鴻沼遺跡）
上：透過像、下：クロスニコル像

　これらのことは縄文時代中期よりも色にこだわった漆器製作が行われた事を示しているように感じられる。加えて、片口において明らかに塗り直しをしている例（写真7）もあるので、一部の漆器は塗膜が劣化しても使い続けるという文化がその頃から始まっていた事が伺える。これが縄文時代後期中葉に入ると弁柄漆の上に朱漆を塗る例（写真8）が現れる。縄文時代後期前葉においては制作時に異なる種類の顔料を塗る事例はあまり見られないため、水銀朱の利用量を抑えるために縄文時代後期中葉ごろに発生した技術では無いだろうか。

　南鴻沼遺跡において縄文時代晩期以降の漆器は縦櫛（3例）、耳飾り、杓子の3例のみであるが、縦櫛の1例と耳飾りは縄文時代後期中葉と同様に弁柄漆の上から朱漆を塗っている（写真9・10）。一方杓子は朱漆の上から弁柄漆を塗っている（写真11）ので、色へのこだわりがここでも伺えた。残りの縦櫛2例においては生漆の上に弁柄漆を複数層塗布し、櫛の間に出来る凸凹を埋める手法

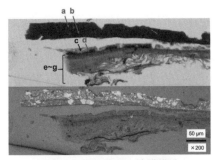

写真 8　木胎漆器の塗膜構造
（縄文時代後期中葉・南鴻沼遺跡）
上：透過像、下：反射偏光像

写真 9　縦櫛の塗膜構造
（縄文時代晩期・南鴻沼遺跡）透過像

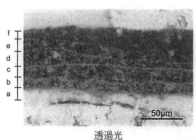

透過光

写真 10　耳飾りの塗膜構造
（縄文時代晩期・南鴻沼遺跡）透過像

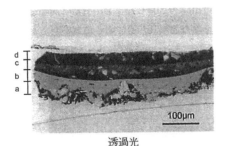

透過光

写真 11　木製杓子の塗膜構造
（縄文時代晩期・南鴻沼遺跡）透過像

が用いられていた（写真 12・13）。

　縦櫛は埼玉県さいたま市の大木戸遺跡において、縄文時代後期の縦櫛を 2 例分析している。大木戸遺跡も南鴻沼遺跡と同様に漆器の多く出土した遺跡である。大木戸遺跡の 2 例においては櫛の間を埋める為の漆として鉱物を多く含む漆を用いていた（写真 14・15）。おそらく、漆のみで凹んだ部分を埋めようとすると大量の漆を使うため、砂等を混合し漆の粘土のような物を作成し凹んだ部分をある程度埋めた後に弁柄漆を塗り、最表面を朱漆で彩っている。

　漆に砂を混ぜるという事例としては埼玉県北本市のデーノタメ遺跡より出土した縄文時代後期の木胎漆器の装飾部（写真 16）と木胎漆器の腕輪（写真 17）がある。この 2 つの漆器はいずれも木で作成した胎に対して、漆に砂や煤を混

透過光

写真 12　縦櫛の塗膜構造
（縄文時代晩期・南鴻沼遺跡）透過像

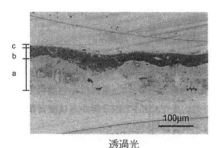

透過光

写真 13　縦櫛の塗膜構造
（縄文時代晩期・南鴻沼遺跡）透過像

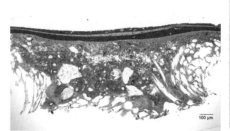

写真 14　縦櫛の塗膜構造
（縄文時代後期・大木戸遺跡）透過像

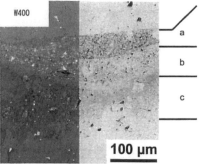

写真 15　縦櫛の塗膜構造
（縄文時代後期・大木戸遺跡）
右：反射偏光像、右：透過像

　合し粘土状にした物をパテのように盛った後、装飾のための材料を押しつけて
固定されたと思われる断面であった（写真 18・19）。腕輪の漆器に関しては最
終的には装飾部分以外には朱漆を塗布して赤く仕上げていたので、非常に装飾
性が高く豪華な腕輪であったのでは無いだろうか。
　最後に今回紹介した漆器は Py-GC/MS による分析の結果、すべて日本・中国
に生育しているウルシノキ（学名：*Toxicodendron verniciflfuum*）から得られた樹
液を使って制作していたということが分かった。また、その中の一部の試料か
らは油脂に由来すると考えられるパルミチン酸とステアリン酸が含まれている

写真16　木胎漆器突起装飾部
（縄文時代後期・デーノタメ遺跡）

写真17　胎漆器腕輪
（縄文時代後期・デーノタメ遺跡）

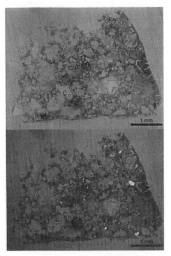

写真18　木胎漆器陶
器装飾部の塗膜構造
（縄文時代後期・デーノタメ遺跡）

断面写真（偏光）

断面写真（偏光）・漆部分を青に、鉱物部を赤に

写真19　木胎漆器腕輪の塗膜構造
（縄文時代後期・デーノタメ遺跡）

III

tool

ことも明らかになった。その中の一例としてデーノタメ遺跡の木胎漆器の腕輪の
例を図に示す。漆に関連する成分としては選択イオンに3-アルキルフェノール
（m/z 108）を選んだ場合（図1中段）に炭素数7と15のピークが強く表れること
が知られており、本試料からも同ピークが強く出現していることから漆を用い
て制作されたことがわかる。また、全イオンピーク（T.I.C.）において17分付近

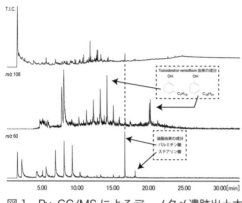

図1　Py-GC/MS によるデーノタメ遺跡出土木
　　　胎漆器腕輪の分析結果

にはっきり表れているピークは
パルミチン酸に由来するピーク
であった。パルミチン酸は脂肪
酸の一種であり、この一群は選
択イオンにカルボン酸（m/z 60）
を選んだときに明瞭なピーク群
が確認される（図下段）。このカ
ルボン酸群にパルミチン酸とス
テアリン酸が確認出来る場合に
は植物から得られる乾性油を漆
に加えていた可能性を示してい

る。今回の漆器の腕輪においてもこの2つのカルボン酸が確認出来たので、こ
の試料には乾性油が加えられていたと考えられる。おそらく漆よりも粘度の低
い乾性油を加えることで加工をしやすい粘度にコントロールしていたのではな
いだろうか。また、乾性油はパルミチン酸とステアリン酸の比からおおよその
植物種を特定することが出来る。今回の試料にもっとも近い比率を持つ植物は
胡麻油であり、ゴマは縄文時代には日本で使われていたという事実（松谷1983）
と合わせて考えても漆に油を混ぜて利用していたということに矛盾は生じない。

4.　おわりに

　本項では縄文時代に作られ使われてきた漆器の作り方やその材料について論
じてきた。縄文時代前期には漆は利用されていたことが明らかになっている
が、漆を塗り重ねて使う点は共通している。一方で手に入る材料が変化する
と、それに合わせて如何にしてより美しい色に仕上げるか、限られた材料でど
うすれば意図した仕上げになるか、といったことに気を使って作っていること
がみえてくる。これは江戸時代に貴重かつ高価な金粉の替わりに安価な錫粉と
漆を使って金色に見せる技術があったように、その時に得られる材料で最良な
仕上がりにしようという作り手のこだわりがあるように感じられてならない。

8 石棒と祭祀

鈴木 素行

1. 石棒の変遷

　頭部の作出を表象とした棒状の石製品を「石棒」と規定すると、その分布は、北海道から九州にまで及ぶものの、東北・関東・中部・北陸など東日本に濃密である。地方により石材や形態の特徴が異なり、縄文時代の中・後期「大型」については長田友也（2013）、後・晩期「細形」については後藤信祐（1987）が型式の変遷を俯瞰した。まずは、関東地方の事例を中心として、「大型」の成立から「細形」の終焉までを概観する（図1）。

　出現期に位置付けられる中期中葉には、東京都忠生遺跡の全長184cmという長大な石棒（1）があり、頭部周辺に文様が彫刻されていた。これは、一端にのみ頭部を作出した単頭形。神奈川県下北原遺跡では、類似する文様の石棒が両端に頭部を作出した両頭形と推定され、単頭・両頭という2つの形態がすでに存在している。ともに石材は安山岩であった。長大な法量と彫刻による文様からは、石川県真脇遺跡の「トーテムポール状木製品」（0）のような木製品が原型であって、材質を置換した石製品として石棒が成立したことが想定される。この時期の石棒には、扁平な円筒形に近い頭部の形状が特徴的であり、やはり石川県チカモリ遺跡の木柱端部が連想される。運搬のための加工と考えられている木製品の括れが、石棒の頭部へと継承されたのではなかろうか。

　中期後葉の群馬県恩賀（西野牧小山平）遺跡では、石棒の製作跡が調査されている。石英斑岩に代表される「大山石」で全長70-90cmの規格的な石棒（2・3）が量産され、関東のほぼ全域に分布する。後期前葉からは、石材を交替するかのように、緑色片岩に代表される三波川変成帯の「秩父石」で石棒（4・

縄文前期後葉─中期中葉─後葉─後期前葉─中葉─晩期前葉─中葉─弥生前期

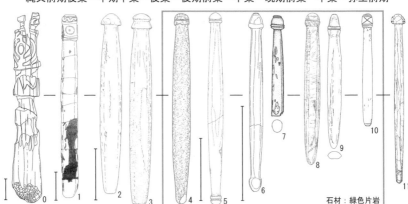

石材：緑色片岩

図1　関東地方における石棒の変遷（スケールバーは30cm）

0.石川・真脇、1.東京・忠生、2・3.東京・緑川東、4.東京・下宅部、5.千葉・三直、6.千葉・下太田、7.千葉・加曽利、8.埼玉・諏訪木、9.千葉・菊間手永、10.千葉・西広、11.群馬・沖Ⅱ

5）が量産され、これも広く流通した。彫刻文様は見られず、その名残であろう胴部中央の凹みが一部の石棒に観察されている（鈴木2019b）。頭部は三角形に近い形状、これを二段重ねたような形状も出現し、有段（3）が凹線（4）へと変化した。

　緑色片岩などの「秩父石」は、産地が限定され、しかも「大型」と「細形」の両方が多量に製作された稀な石材であることから、これを追跡することにより、後期における「大型」から「細形」への変遷が捉えられる（4～10）。後期前葉の「大型・太形」（4・5）は、中葉に「大型・細形」（6・7）、後葉には埼玉県高井東遺跡などの「小型・細形」へと変化し、晩期前葉の石剣（8・9）まで頭部の凹線も継承されている（鈴木2015）。また「小型」では、それまでは柱状礫であった素材の主体が板状礫へと変化し、扁平な胴部形態の石剣が出現した。このような法量と形態の変化には、素材である長い柱状礫の入手が困難になったことを想定する。岩盤から採掘したものでなく、河川礫が採集されていることからも、大量な消費を続ければ、資源は自ずと枯渇するはずである。「大型・細形」の半分ほどを再利用した千葉県加曽利貝塚の「小型」（7）は、

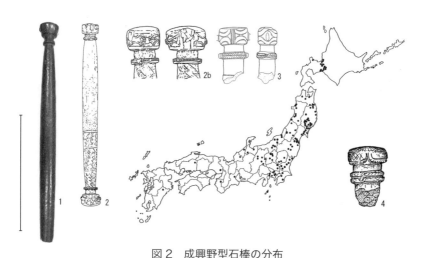

図2　成興野型石棒の分布
（石棒のスケールバーは 30 ㎝、分布図は麻柄 2007 より引用、1 は辰馬考古資料館所蔵）
1.青森・五所川原、2.出土地不明、3.青森・風張（1）、4.広島・帝釈寄倉岩陰

単頭形に限定される形態までも含めた「小型」の成立を示唆しているように見える。

　晩期中葉には、関東の東部において粘板岩に代表される日立変成岩の石材で石棒が製作されたことに連動し、西部でも「秩父石」の石剣の頭部に文様が沈刻されるようになる（10）。これらは、それぞれの地域を中心に流通した。ともに晩期後葉で製作はほぼ途絶えるらしい。弥生時代前期には群馬県沖Ⅱ遺跡などに「細粒砂岩」の石剣（11）がわずかに報告されるだけとなり、これが関東における石棒の終焉に相当する（鈴木 2019c）。

　石棒は、木製品から成立し、中期から晩期に至る変遷は主として小型化にあった。また、「大型」の段階から特定の石材による製作地が確立し、周辺の地域へと完成品が流通したことも特徴として挙げられる。後期中葉の「大型・細形」の時期には東北において「成興野型」の石棒が成立して、これが晩期まで継続的に関東へも流通した（図2）。石材は、北上山地の粘板岩であり（熊谷 2013)、目的とする法量に適い、細密な彫刻もまた可能となった。関東におけ

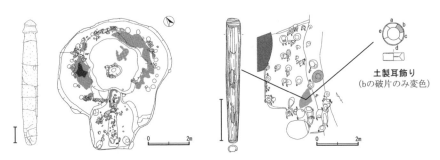

図3　石棒の燃焼（住居跡の網は焼土、石棒のスケールバーは10cm）
1. 東京・武蔵台（中期後葉）、2. 茨城・中田新田（後期後葉）

る石剣の頭部文様は、この「成興野型」を原型として変遷した。

2. 石棒の出土状況

　石棒のほとんどは破片で出土し、「大型」に喧伝されてきた「樹立」のような状態で検出された事例は認められない（鈴木2007b・2008・2009）。表面が赤化した被熱の痕跡を残すものが多い。東京都武蔵台遺跡では「大型」、茨城県中田新田遺跡では「細形」が、それぞれ住居跡の内部で燃焼された状況で検出されている（図3）。「破砕」や「撒布」と解釈されてきた現象は、主として火撥ねによるものである。接合資料には外部からの加撃の痕跡は見られず、水蒸気爆発のように内部からの圧力で剥がれ砕けたと考えられる。石棒の「燃焼」は、木製品の段階に成立したことが想定され、石製品に置換された後も晩期にまで継続した。関東では、遠隔地から流通した「成興野型」もほとんどが同じような破片の状態で検出されている。とくに「大型」は「燃焼」のほかに、完形品が「隔離」や「埋没」と捉えられる状況で検出されることも稀にある。河川跡からの出土は「水没」であり、これも木製品を河川に流したことの名残ではないかと想像している。「燃焼」「隔離」「埋没（水没）」はすべて、石棒を視界から消し去る行為であった。したがって石棒が目的とした祭祀そのものではなく、事後の諸相に過ぎない（鈴木2007a・2012）。

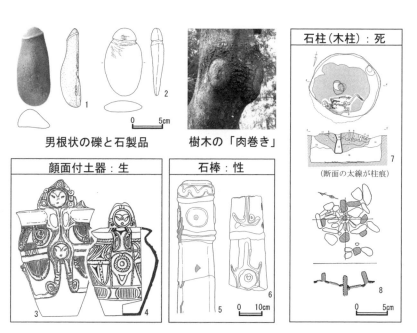

図4 石棒と男根状石製品、顔面付土器、石柱（木柱）
1.茨城・堀米A、2.茨城・軍民坂、3.山梨・津金御所前、4.長野・月見松、
5.東京・忠生、6.茨城・西方、7.千葉・有吉北、8.秋田・大湯

北海道では、美々4、柏木B遺跡など後期後葉の周堤墓に石棒を副葬した事例が知られている。中期に独特な円筒形の石製品はあっても、これが後期後葉の石棒へと変遷したわけではない。津軽海峡の彼岸からもたらされた「成興野型」など精巧な石製品が、石棒の祭祀とは離れて別途に、威信財として所有されることになった（鈴木2005）。これが副葬された人骨には、男性が確認されている。

3. 石棒の祭祀

「豊穣の祈願」のように解説されることが通例であった石棒について、周辺の遺物との比較から祭祀の性格を絞り込んでみたい（図4）。

石棒と一括されることもある「男根状石製品」（2）は、同じような形状の自

然礫（1）が原型と考えられる（鈴木 2019a）。自然礫については、旧石器時代から事例があり、石製品は、前期に関東北部や東北に局所的な集中が見られる。一方、石棒を遡る木製品の原型は、「肉巻き」が生じた樹木にあったのではないか。ここには、抽象化のプロセスに「見立て」が介在したことを考えている。円形のデザインは女性を象徴し、その中心が顔面付土器（3・4）では凸で造形され「生（出産・誕生）」を表現する。一方、石棒の彫刻文様（5・6）は凹で、これは「性（性交）」の表現であったと読解する。したがって、「男根状石製品」と石棒は、それぞれ成立を異にする。ただし、彫刻文様を消失して以後の頭部の造形には「男根状石製品」が関与したであろうし、石棒の破片が「男根状石製品」として再利用されたことも考慮しなければならない。男女の性の象徴と解釈されている長野県穴場遺跡の石棒と石皿などは、この再利用の事例と見ている。また、やはり石棒と一括されることがある「石柱」(8) は、墓壙に設置されるなど象徴としては「死」に関わり、石棒を転用するにも頭部の造形は除かれた。ただし、これも「木柱」(7) から成立したらしく、事後に同じく「燃焼」があって石棒との弁別を難しくしている。

　石棒の製作と流通には威信財との共通性がうかがえ、しかも事後には象徴が否定されるという特徴を認めた。それは、個人に帰属するものであって、集団が等しく共有した信仰対象という理解とは相容れない。祭祀のうち人生儀礼（通過儀礼）のためのものと見るならば、石棒の成立過程からは、結婚の祭儀が考えやすい。夫となる男性が、当初は威信をおもに行為で表現するための道具として、やがてはその名残をとどめる装束の一部として、石棒が機能したのではないかと想像している。

Ⅳ society
集団と社会
─資源利用の特性から─

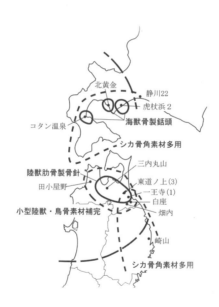

北黄金
静川22
虎杖浜2
海獣骨製銛頭
コタン温泉
シカ骨角素材多用
陸獣肋骨製骨針
三内丸山
田小屋野
東道ノ上(3)
一王寺(1)
白座
畑内
小型陸獣・鳥骨素材補完
崎山
シカ骨角素材多用

1 生業研究における動物遺存体分析の現状

斉藤 慶吏

1. はじめに

　遺跡から出土する自然遺物の中で、骨・角・貝殻など動物に由来するものを「動物遺存体」、または「動物遺体」という。これらは、有機質であるため、貝塚や洞穴遺跡、低湿地遺跡などの特定の保存条件に恵まれた遺跡でないと巡り合う機会に恵まれない性格のものであった。しかし、近年は遺跡の土壌水洗篩別が積極的に行われるようになり、従来は検出が期待されなかった台地上の集落遺跡からも動物遺存体が発見される事例が確実に増えている。遺跡が営まれた当時の食料や周辺環境に関する情報を私たちに提供してくれる動物遺存体は、生業活動の季節性や資源利用の実態を知る上で、欠くことのできない重要な資料群である。

2. 動物遺存体研究略史

　日本における動物遺存体の研究は、E.S. モースによる東京都大森貝塚の発掘調査から始まる。モースの調査報告には、貝殻の堆積量や捕獲方法の記載がみられ、生態学的研究の先駆と評価されている（E.S.Morse 1879）。明治期の動物遺存体の報告は、動物学者によるごく簡単な記述が多い中にあって、八木奘三郎と下村三四吉は茨城県椎塚貝塚や千葉県阿玉台貝塚の発掘調査で魚骨の同定も行い、その内容を報告している。環境変化に伴う主体貝の変化や交易の問題にも言及されており、今日に通じる分析視点の萌芽を伺うことができる（八木・下村 1893・1894）。大正期には、魚類学者の岸上鎌吉が貝塚で採取した土壌を水洗し、微小な種も含めた出土魚骨の同定を行った。岸上は、三陸沿岸や関

東を中心とする貝塚から出土した魚類と出土漁具との対応を比較して、石器時代の漁撈を論じている（Kishinouye 1911）。

　ヨーロッパの先史学を広く学んだ大山柏は、遺跡から出土する魚骨の同定結果に基づき、魚種ごとの習性や出土漁具との対比を行うことで、当時の漁法や海岸環境の復元が可能になることを一早く指摘した（大山 1932）。大山が主宰した史前学研究所では、大給尹が中心となり動物遺存体に関する本格的な研究が開始される。戦中から戦後にかけては、全国的な出土動物遺存体一覧が食物リストとして直良信夫や酒詰仲男によってまとめられ、採集・捕獲方法、調理方法などが論じられた（直良 1938、酒詰 1959・1961）。1950 年代には金子浩昌が骨格部位の同定と計数表記を加えた報告をはじめて行い、以後量的記載に基づく統計的な分析が行われるようになった（西村・金子 1956、金子・和田1958）。

　1970 年代以降、開発事業に伴う緊急発掘調査が増加する中、各地で膨大な量の動物遺存体が出土する。当時、欧米の人類学で応用されていた古栄養学分析が日本にも導入され、林謙作や鈴木公雄、西田正規らが食料資源について定量分析データを基に栄養学的評価を行った（林 1971、鈴木ほか 1981、西田 1980）。また、1976 年から自然科学諸分野と考古学が提携した特定研究「古文化財に関する保存科学と人文・自然科学」のプロジェクトが開始される。動物学者と考古学者による大規模共同研究の中で捕獲動物の死亡季節推定や年齢査定といった分析手法の発展がみられた（大泰司 1980、小池・大泰司 1984、小池・林 1984）。90 年代以降は情報処理機器の普及と発達に伴い、動物遺存体データベース構築の取組が活発化した。近年は、安定同位体分析や、DNA 分析、コラーゲンタンパク分析など新たな分析技術の導入と応用が目覚ましく進んでいる。

3. 動物遺存体はどこから出土するか

　動物の肉体は死亡と同時に腐敗が始まり、やがて分解・消失する。骨もその一部であり、同様の過程をたどるが、腐敗と分解の速度は温度や湿度、風通しなど、曝露の状態とこれに伴う細菌などの微生物の増殖度合に左右される。空

気の流入が遮断された水中や低湿地遺跡の土壌中では空気・水・細菌含めすべての環境が一定に保たれるため、動物骨が長期間保存されやすい。洞穴や岩陰、貝塚は石灰岩や貝殻から溶け出したカルシウムが骨の保存を助ける働きがあり、大量の動物遺存体が出土することが多い。また、集落内の廃棄域と考えられる遺物集中区や竪穴建物内の炉跡、盛土遺構や配石遺構からもしばしば焼骨が検出され、近年はこれらについても土壌サンプルの水洗篩別を通じ、悉皆的な資料回収と同定が行われている。

4. 資料化にあたっての基礎作業

（1）サンプリング

貝塚や洞穴遺跡、低湿地遺跡の発掘調査では、計画的なサンプリングの実施が不可欠である（松井 2008、小宮 2015）。今日、遺跡の土壌サンプルから微細遺物を抽出する際には、水洗浮遊選別（フローテーション法）や篩を用いた水洗篩別が広く採用されている。水洗浮遊選別は比重の軽い炭化種実の選別回収に適しており、動物遺存体に関しては浮遊物だけを確認するのでは不十分である。最終的には沈降物の水洗篩別も行い、悉皆的に確認する必要がある。

水洗篩別で使用するフルイの目の開き（メッシュサイズ）は動物遺存体を骨格のサイズから分別する効果が伴う。例えば、10・5・2・1mmの4種のメッシュを使用して、篩別を実施した際、哺乳類や鳥類などの大型の動物遺存体は10mmないし5mmメッシュに大半が集まる。また、魚類のうち、マダイやスズキなどの大型魚は5mmないし2mmメッシュ、アジやマイワシなど小型魚は2mmメッシュ、さらに小型のカタクチイワシや淡水魚は1mmメッシュで多く検出される。使用するメッシュサイズに偏りがあれば、土壌中に含まれる動物遺存体の組成を正確に把握できず、誤った解釈を招くことになる（小宮・鈴木 1977）。

（2）選別・同定作業

土壌を洗い流した後の微細遺物は、動物遺存体のほかにも剥片石器や土器の砕片、炭化物などが雑多に入り混じった状態である。これらを種類ごとに分類し、分析対象となる動物遺存体を選別することから作業を始める。

IV

society

　動物遺存体の部位・種の判別を行うことを「同定」と呼ぶ。同定に際しては、遺跡周辺の環境から出土が予想される動物種の現生骨格標本を準備し、部位・左右・種の特定を行う。関節の形状や筋肉の付着、栄養孔の位置や標本がもつ死亡年齢の情報から得られる加齢に伴う骨質の変化に関する特徴は実際に標本を手に触れながら観察し、確かめる必要がある。

5.　貝類の分析

　動物遺存体の中で、大量に出土し、もっとも目につきやすいのが貝類である。遺跡から出土する貝類には、人が食用あるいは装身具素材として目的的に採集したものと、そうでないものとがある。後者は、海草などに付着し、随伴して持ち込まれた微小貝、陸産貝類などが該当するが、ここでは、おもに前者のうち、食用目的で採集された貝類に関する内容について述べる。

（1）採貝環境、選択性の検討―種組成・計測値の比較―

　貝類のもっとも基本的な属性は計測値である。とくに主体をなす二枚貝については、殻長・殻高・殻厚を計測し、層位や地点間、遺跡間にみられる差違を捉え、その背景を考察する。遺跡から出土する貝類は人為的な選択や採集に使用した道具、捕獲圧からの影響を考慮する必要があり、水温や摂餌条件の影響も大きく、その解釈においては様々な要因を想定しなければならない。

　青森県の太平洋側にある小川原湖周辺には縄文早期中葉から中期末葉にかけての貝塚が密集している。貝塚から出土した貝の種組成を時期ごとに比較すると、早期後葉に内湾干潟に生息する鹹水性のハマグリ主体であったものが、前期中葉以降にアサリ主体に変わり、中期後葉には汽水性のヤマトシジミ主体へと変遷する様子が確認された（図1）。早期後葉はこの地域の温暖種（松島1984）であるシオフキやオキシジミもみられ、種組成は縄文海進最盛期における遺跡周辺の海域環境を反映していると考えられる。主要二枚貝のサイズを比較すると、早期後葉から中期後葉にかけて、サイズの小型化が進み、温暖種の消長や花粉分析の解析結果もあわせて考えれば、寒冷化と海退に伴う小川原湖の環境変化が採貝活動の選択性に一定の影響を及ぼしていた様子が伺える。

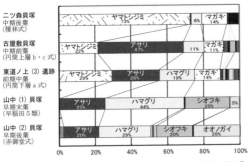

図1　小川原湖周辺の貝塚から出土した貝類の組成

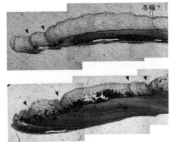

写真1　アサリの貝殻成長線に
みられる成長障害

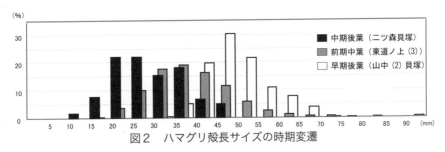

図2　ハマグリ殻長サイズの時期変遷

(2) 季節性―貝殻成長線分析―

　生業の季節性を検討する際、鍵を握るのが貝殻成長線分析である。日本で
は小池裕子が確立した貝殻断面のレプリカを作成して検鏡する方法が一般に
普及している。二枚貝の接線断面に観察される成長線のうち、間隔が密な
部分を冬季の成長遅滞部（冬輪）と設定し、年間の最寒日（2月15日）に仮
定して腹縁端部までの日輪の本数を数え上げ、死亡日を特定するものである
（Koike 1980）。貝塚から比較的大量に出土することの多いハマグリ・アサリ・
ヤマトシジミなど交差板構造の種に適しており、標識放流実験試料と潮汐パ
ターンを比較しながら、成長線の形成や推定誤差範囲に関するデータの蓄積が
進められている（小池 1983、富岡 2003、徳永 1996）。近年は冬季の水温低下と
は異なる要因で形成された「擬冬輪」の扱いが課題となっている（樋泉 1995）。
海水温の顕著な低下など突発的な環境悪化が引き起こした短期的な成長遅滞や

夏季の産卵障害がその一因と推定されているが、発生要因については更なる追究が必要である。

6. 魚骨の分析

　魚骨は、貝類や獣骨と比較して一つの遺跡から出土する種が多様であり、また種レベルで同定が可能な部位も多い。同定に先立ち、分析対象とする遺跡から出土する可能性のある魚種を現在の生物目録や、図鑑からリストアップして、それらの骨格標本を一通り揃えておく必要がある。一般に、海水魚と淡水魚では、前者の方がより大型で頑丈な部位骨が多く、内陸の遺跡で淡水魚の出土が想定される調査では、1mm以下の細かなメッシュサイズまで確認する必要がある。

（1）交流・交易―部位組成・焼骨の検討―

　内陸の遺跡は、貝塚の形成が稀であるため、炉跡などで検出される焼骨片も含めた検討が重要である（山崎 2013）。長野県千曲川流域に所在する縄文中期の屋代遺跡群では、竪穴建物の埋土の土壌で実施した水洗篩別から多数の焼骨を検出し、詳細な同定を実施している。もっとも多く検出されたのはサケ・マス類の椎骨とコイ科、ドジョウ科であり、大半が淡水性魚類という結果であった。大量の土壌を水洗篩別したにもかかわらず、海産魚類や、汽水域の魚類がほとんどみられなかったことから、屋代遺跡の日常的な食料に関する交易圏に海浜部が含まれていなかった可能性が考えられる（松井ほか 2011）。一方で、標高205m前後の白神山地の山中に立地する縄文晩期の青森県川原平（1）遺跡では、捨て場や焼土遺構の堆積土からニシンやサメ類の椎骨がまとまって検出されており、日本海側で漁獲された海産物が山間部に流通していた様子が窺える（西本・斉藤 2017）。

　出土魚骨の同定結果で部位の偏りに一定の傾向が認められる場合にも、他集落からの搬入や交易が議論されることがある。青森県三内丸山遺跡や秋田県池内遺跡では、捨て場から出土した魚骨のうち、ブリやサバ属については頭部と体部で出土量に顕著な差がみられ、初夏に群れで現れた両種を保存加工し、広

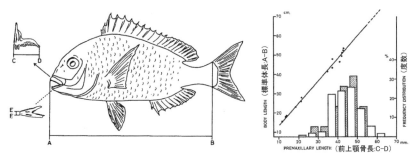

図3 マダイの標準体長（A-B）と前上顎骨長（C-D）の相関（赤沢1969）

く流通させていた可能性が指摘された（西本2005、樋泉2006）。但し、こうし
た部位の偏りが生じた背景については、各部位骨の保存強度の差違などの要因
も考慮し、タフォノミーの観点から総合的に検討しておくことが重要である
（植月2004）。

（2）漁撈技術―体長組成の検討―

　漁撈技術の復元には漁具・漁場・漁期・漁法の要素を把握する必要があり、
その基礎的な検討に出土魚類の体長復元が位置づけられる（赤沢1969）。出土
魚骨の計測値を基に体長を割り出し、個体の成長段階を推定することで、回遊
行動に基づく漁期の特定や同一遺跡で出土する漁具との対応、それらを用いた
漁法の検討を可能にする（図3）。体長復元にあたっては、前上顎骨長や歯骨高
など、現生骨格標本の計測部位と標準体長の相関に関する基礎データ収集が重
要である（村田1999、石丸2005）。

　漁場の特定は、おもに生態から推定することになるが、近年は炭素・窒素安
定同位体分析から、産地判別する研究も進められている（石丸ほか2008）。ま
た、漁期については、産卵のため沿岸に近づく時期や深場から浅場へ移動する
時期を漁の最適期とする。マダラのように回遊しながら季節的に著しく深場に
潜る魚種は、漁獲可能な時期が限定されるため、漁場の特定と連動した推定が
可能である。また、耳石の輪紋形成などの形態的特徴と体長復元に基づく年齢
推定から漁期査定を行う研究も行われている（鵜沢1992）。

IV

society

7. 獣骨の分析

　縄文時代の遺跡で比較的多く出土するイノシシやシカは大型で目につきやすく、水洗篩別を行わなくとも土器や石器などと一緒に取り上げられ、早くから数量的な検討もおこなわれてきた。しかし、ノウサギやムササビは、直径1cmに満たない小型の部位骨も多く、種組成を正確に把握するためには、土壌の水洗篩別を併用した調査を行わないと全体像を確実に押さえることができない。従来、縄文時代の出土獣骨はシカとイノシシの二種がその大半を占めるとされてきたが、近年は悉皆的な水洗篩別に基づく分析の結果から、小型獣が大量に出土する遺跡の存在も明らかになっている（伊藤1999）。

（1）狩猟の地域性─種組成・部位組成の比較─

　東北北部から北海道南部は、津軽海峡を挟んで同一の土器文化が長期にわたって展開したことで知られる。両地域の生業差については、炭素・窒素安定同位体分析（南川2001、米田2012）や埋葬人骨にみられる齲歯の傾向（大島1996）、骨角製漁具の内容（渡辺1973）から、北海道は海獣狩猟の頻度が高く、東北北部は対照的に堅果類と陸獣狩猟、海産物の依存度が高いことが指摘されていた。

　近年、新たに調査された遺跡のデータを加え、水洗篩別に基づく円筒下層式期の出土獣骨の組成を検討した結果、東北北部は、日本海側と太平洋側でシカ・イノシシへの依存度が異なることが判明した（斉藤2012：図4）。日本海側はノウサギやムササビといった小型獣が多く出土する遺跡が太平洋側より多く、海獣の出土も北海道ほど顕著に認められず、また、骨角器の素材選択の傾向についても、シカ・イノシシが多く出土する太平洋側の地域はシカの中手・中足骨や鹿角のような形状・材質的に加工しやすい部位が多用される一方、小型獣が多く出土する日本海側の地域では、加工しやすい部位を徹底的に消費した上で湾曲した肋骨や小型獣の四肢骨まで効率的に使用する傾向がみられた（斉藤2016：図5・6）。狩猟対象獣の地域性は土器文化圏と一致せず、一方で狩猟と連動しておこなわれる骨角器製作の素材利用は遺跡周辺の資源環境からの

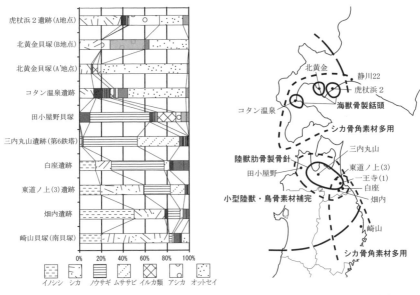

図4　円筒下層式期における
　　出土獣骨組成

図5　骨角器素材利用の地域性

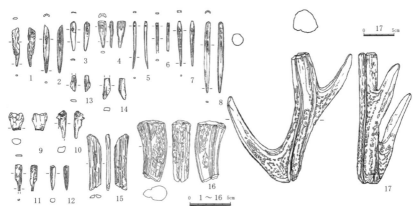

図6　三内丸山遺跡出土骨角器（補修加工品・製作残滓・未製品類）
　　1.ヘアピンから刺突具への転用、2～8.骨針補修加工品、
　　9～14.製作残滓、15.未製品、16・17.母型・半素材

影響を強く受けていることが明らかとなり、当時の集団と社会の在り方を考察する上でも興味深いデータが得られている。

（3）狩猟の季節性―死亡季節推定―

　出土した哺乳類の死亡年齢の推定には、顎骨にみられる歯牙の萌出・交換状況、咬頭に形成される咬耗度の観察結果が用いられる。とくに、シカ・イノシシの2種については、おおよその年齢を判別する基準が確立している（大泰司1980、新美1991、内山2007）。両種とも出産期が季節的に固定されているため、死亡齢月から、死亡季節の特定も可能となり、狩猟が行われた季節、すなわち狩猟の季節性の課題に迫ることができる。また、シカやヒグマ、オットセイについては、歯の組織（象牙質・セメント質）内年輪を用いた年齢査定も行われており、死亡の季節についての、より実証的なデータが回収されている（大泰司2003）。

8.　おわりに

　動物遺存体の分析では、骨の形質に関する知識に加え、対象となる資料の出土状況を的確に押さえておくことが肝要である。特に、祭祀や儀礼的な取扱の有無、埋葬されたものかどうかという点については、対象資料が遺跡の中にどのような状態で残されていたのか、発掘調査時の観察所見以外に判断の根拠を求めることができない。また、部位組成の検討では保存強度や解体・加工の方法、特に哺乳類の場合は、骨髄利用や骨角器素材の消費からの影響も考慮すべきである。民族例や実験考古学の所見を参照し、どのような脈絡の中で利用・廃棄され、発掘調査で確認されるに至ったか、タフォノミーの観点から、その形成過程に注意を払う必要がある（植月2010、山崎2012）。こうした点も踏まえ、分析結果を遺跡周辺の資源環境に関する情報と比較、総合化することにより、動物遺存体からみた動物資源利用の解釈がはじめて可能となるのである。

　なお、本稿では動物遺存体のもつ情報のうち、生業と食利用に関する内容を中心に解説を行った。家畜利用については、丸山真史氏が最新の研究動向を詳細にまとめられているので、参照されたい（丸山2022）。

2 縄文時代の食料は資源だったのか

米田　穣

1. 問題の所存

　本稿では、雑食性動物であるヒトが、食料として利用する動植物を「資源」として研究することの意義と、食料の資源化を日本の先史時代に読み取る可能性を議論する。著者が参画した明治大学の日本先史文化研究所（2013～2018年）とその後継である資源利用研究クラスター（2017年～現在）、さらに黒耀石研究センター（2016～2018年度）での共同研究では、人類が働きかけ可能な「有効環境」としての「資源環境」という概念（小野 2011）を、時空間においては時限的あるいは通時的な多様性をもつ食料資源（阿部 1996a）に応用する可能性とその意義を、古人骨や土器付着炭化物の安定同位体比を通じて考えた（米田 2014・2019・2020、米田・阿部 2021）。しかし、資源はあまりにも基本的な概念であり、「資源配分についての学問」とされる経済学でさえも定義が明確でなく（内堀 2007）。著者の一連の研究でも、資源とくに食料資源の本質についての考察が不十分であった。そこで本稿では、日本考古学の文脈における「食料資源」という概念を再考し、日本の先史時代における食料利用を資源利用史という枠組みで検証するための方向を模索する。

　一般に「資源」は「(1) 産業の材料・原料として見た地下の鉱物や、山林、水産物、水力などの類；(2) ある目的に利用され得る物資や人材」と定義されている（『日本国語大辞典 第2版』小学館 2006）。しかし、自然環境と人間を媒介する資源の特質を理解するためにこの定義は必ずしも十分ではない。例えば、過去の人々が食用として利用した動植物を「食料資源」あるいは「食資源」と呼ぶことは考古学ではしばしばあるが、単なる「食料」と同義と考えてよいの

だろうか。資源に着目して人間と環境の双方向的な機能の検討する試みとして、文化人類学で「資源人類学」という枠組みが提案された（内堀基光編『資源人類学』第1〜9巻、弘文堂）。そのなかで内堀は、「空気は生物の活動に動的な力を供給するものであるにもかかわらず、我々は資源と呼ぶことに思いが寄らない」と指摘し、辞書的な定義が人文社会学であつかう資源の定義には不十分であることを指摘した（内堀 2007）。今日、我々はドングリを資源とは認知していないが、はたして縄文人はドングリを「資源」として認知していたのだろうか、もし資源と認識していたとしたらその意義はどこにあり、その認識を考古学的証拠から示すことができるか、以上が本稿で取り扱う問題である。

2. 考古学における資源の用法

　手元の「日本考古学辞典」（田中・佐原編 2002）や『The New Penguin Dictionary of Archaeology』（Bahn *ed.* 2004）をひいてみても、資源という用語は項目にも索引にも見当たらない。日本考古学協会が公開している考古学系雑誌の文献（論文）データベースには、1929 年から 2000 年まで 38 誌に発表された 11069 件の論文タイトルとキーワードが登録されているが、「資源」という用語は、江坂輝弥（1962）「縄文時代の植物栽培存否の問題」のキーワードとして「食料資源」が含まれるのみである（http://archaeology.jp/zdb/、2021 年 8 月 20 日閲覧）。江坂は『民族學研究』の発表要旨でも、食料資源という用語を用いており（江坂 1964）、同誌には渡辺仁による「沙流アイヌにおける天然資源の利用」が 1952 年に掲載され、その中では「食糧資源」という表現がみられる。生態人類学を先史考古学に応用する「土俗考古学」を展開した渡辺仁は、『縄文式階層化社会』（1990)のなかでも「食糧資源」や「食物資源」という用語を少数であるが用いている。同時代の生態人類学の影響をうけた新進化主義的な考古学研究として広く知られるM．サーリンズの『石器時代の経済学』（Sahlins 1972）のなかでも、R．リーによるアフリカの狩猟採集民の食料に関する定量的研究で「食物資源」という訳語が用いられている（サーリンズ 1984）。

　一方、全国の縄文時代遺跡から出土した植物遺存体から縄文時代の食生活を

推定した『縄文時代の植物食』（渡辺 1975）では「資源」という用語は用いられ
ておらず、日本考古学では食料資源という用語は 1970 年代までは一般的で
なかったようだ。考古学の文脈での食料資源という用語の本格的な使用は、西
田正規（1980）による「縄文時代の食料資源と生業活動—鳥浜貝塚の自然遺物
を中心として」を嚆矢とする。同年に京都大学理学部に提出された博士論文と
同じタイトルのこの論文は、動物考古学を基礎に福井県鳥浜貝塚の縄文時代前
期の動植物遺存体を総合的かつ定量的に評価した、縄文時代に関する最初の本
格的な生態学的研究と位置付けられる。ここでは、「資源」あるいは「食料資
源」という用語は改めて定義されず、食用にできる動植物という辞書的な意味
で用いられており、食料と置き換え可能である。

3.　生態人類学と縄文人口論

同じく生態学的な視点から民族考古学を縄文研究に導入した小山修三ら
（1982）は、「『斐太後風土記』による食糧資源の計量的研究」を発表している。
これは、国立民族学博物館で小山修三・松山利夫・秋道智彌らによって主催さ
れた共同研究「狩猟・採集—初期農耕社会における食糧資源の計量的研究」の
成果の一部であり、小山は堅果類の生産量の定量的な評価なども加え、環境
収容力（人口支持力）を定量的に評価する縄文人口論を展開した（小山 1984）。
1986 年 2 月に実施されたシンポジウムをまとめた論文集『狩猟と漁撈—日本文
化の源流をさぐる—』（小山編 1992）では「資源」がもっとも重要なキーワード
として縄文時代の生業が議論された。冒頭の総説では、第 2 章「生態学的アプ
ローチ」の第 1 節に「資源の計量」があげられ、「自然資源が無尽蔵（unlimited
resource）ではない」ことから、「資源としての動物の数量的把握」の重要性が
指摘された。実際に小山の総説につづく「I 資源」では、「陸上狩猟獣の資源
量」、「水産資源のバイオマスとその変動」、「動物の資源量からみた漁撈」で、
日本列島の資源を生態学的な立場から量的に把握しようとする報告が続く。こ
れらの研究は、生態人類学の立場から縄文時代の生業を議論する試みと位置付
けられ、佐々木高明は「民族学や考古学を中心とする従来の狩猟・漁労の研究

IV
society

では、余り論じられなかった『資源』や『生態』の問題を積極的にとりあげ」
たことをこのシンポジウムを評している（佐々木 1992）。食料資源の特徴とし
て、小山は「量的に制限をもつ」「無尽蔵ではない」ことを指摘している。

　有限である資源をめぐる競争という視点は極めて生態学といえる。生物学の
一分野であり、おもに個体以上の個体群や生物群集、生物と非生物の関係を
あつかう生態学（ecology）は「生物の家計をあつかう科学」ともいわれ、経済
学（economy）と同じく、ギリシア語の「家・家庭・家計」を表す「oikos」に
語源をもつ。ヒトにとっての資源を研究する経済学と同様に、生態学は生物に
とっての資源をあつかう分野といえる。生態学では、資源を「ある生物にとっ
て必要であり、その量がその生物の活動によって減少してしまうようなもの」
と定義する（ベゴン・タウンゼンド 2013、P-71）。内堀（2007）は、我々が資源
として認識しないで消費、利用しているものとして空気をあげたが、生態学で
は植物にとっての資源として、太陽放射（光）、二酸化炭素、水、栄養塩そし
て酸素が数えられる。ただし、「水の中や水浸しの環境では、生物によって酸
素はすぐに制限された資源になる。水中の環境で有機物が分解されるとき、微
生物の呼吸によって酸素濃度は低下し、そこで生活できる高等な動物の種類を
制約することになる」（P-110）と説明される。すなわち、利用によって減少
し、その減少によって生物の活動に制限が加わること、その結果として個体間
や集団（種）間の競争の対象になること、が資源の重要な特徴として生態学で
は認識されている。しかし、上でみた考古学での資源の用法では、有限性とい
うその特徴に自覚的とはいえない。

4.　資源利用史研究の到達点

　阿部（1996a）は、資源と単なる食料は同質ではないと指摘して、食料加工
技術と道具の構成など、資源の開発や入手にかかわる活動のもつ社会的側面を
議論した。「資源を食料として認識するには、それなりの生態学的な知識／加
工技術の蓄積が必要である」として、自然の有用物と資源を明確に区別してい
る点は重要である。また、資源の有限性に着目して、関東で縄文時代早期の撚

糸文系土器・沈線文系土器期にみられる長期継続しない遺跡群を、拠点を移動することで「乱獲による資源量の枯渇」を「生態系のもつ復元力の範囲内におさめる」戦略と考えた。それに対し、前期以降の大型集落では、「資源の枯渇を防止する管理機構の存在と、そうした乱獲型の生産様式に頼らなくとも、多目的な対象を設置することによって、危険を分散化して定着性を高めた長期な資源管理計画が作用した」として、資源管理の重要性を指摘した。さらに、晩期の水場遺構を、ムラから離れた空間に設置された恒久的な加工場と解釈して、その背景には「森林や低地における資源の分布や潜在的な資源量に対する知識」にもとづいた、環境の賢明な利用が存在したと解釈している。

　阿部（1996a）が導入した新たな視点は、(1) 自然の有用物はヒトによって認知され、技術によって利用可能になることで資源となること、(2) 資源の利用には何らかの資源管理が伴い、そこに社会的な要素が介在すること、(3) ムラから離れた加工場などの考古学的証拠から資源に対する縄文時代人の認識を抽出できる可能性、という 3 点に整理できる。これは、人口支持力を評価することで縄文時代の人口変動を試みた小山（1984）の「狩猟・漁撈・採集によって、自然にちらばる食糧を獲得する『自然経済の段階』」という縄文時代の資源観とは一線を画している。むしろ資源人類学によって整理された、資源は人間によって発見され、認識され、利用されることによってはじめて、単なる有用物から資源に変化する「資源化」のプロセスを経ているという、人文社会学で取り扱われるべき資源の概念と共通点が多い（内堀 2007）。

　さらに、ヒトの認識によって自然物が資源となることを「資源化」を概念化して、縄文時代の資源利用について議論が深化している（阿部2014a）。ここでの資源化とは、「ヒトが自然物をフィルタリングし目的に見合う素材として加工する一連の行為」を指す。さらに、食料の資源化における時間管理の重要性を指摘して、定住的な活動を計画した縄文人による時間的な制約の解消法として、貯蔵を位置付けた。また、特定の資源を管理し、旬を待って大量生産を行った海浜生態系を「ハマ」とよび、そこに残された「ハマ貝塚」から、土地の資源化というフィルタリングと、特有の資源化が促進を読み取っている。ハマ貝塚で資源化さ

IV

society

れた食料資源は、至近に高い密度で分布する集落へと流通したとして、生産と消費の単位が一致しない、自給自足的ではない資源利用の存在を指摘した。

　一方で、黒曜石製の石器などは資源産出地から離れた消費地においても素材原料か、または粗割の半完成品を持ちこんだ自給的な生産がおこなわれており、資源利用の多様性を指摘している。ただし、内堀（2007）が指摘するように、「すでに環境から取り出されて、主体としてのある特定の人間、あるいは人間集団の処分権、所有のもとにあるもの」は資本や資産など別の概念に区分することでさらに議論が深まる可能性がある。とくに、この資本・資産の特徴は石材にあてはまる点は注目すべきだ。再生可能だが土地に結びつくことが多い食料資源と、再生不可能で可搬の石材資源は、資源化と資本・資産化で異なる経過をたどることが予想され、資源環境と人類の関係を理解するには石材資源だけでなく、総合的に資源利用を研究する視点が必須である。

5. アイヌ民族誌にみる食料の資源化

　食料の資源化を検出する方法として、ムラの外の加工場から土地の資源化を読み解く方法は「空間固定型」の植物質食料には有効であるが（阿部 1996a）、「空間移動型」の動物質食料の資源化については、どのように資源化を検出できるだろうか。それには、北海道に暮らす先住民アイヌ民族の生物観がヒントになるかもしれない。アイヌ民族は雑穀類などの栽培植物も利用したが、海獣やシカを対象として狩猟やサケをはじめとした漁撈、そして様々植物の採取によって、天然の動植物も数多く利用する生業を有していた（渡辺 1952・1990）。遺跡出土骨や頭髪の同位体分析からは、海産物を多く摂取する集団が多かったことが示され（Bowen et al. 2009, 米田・奈良 2015）、その伝統は縄文時代前期にまでさかのぼる（米田 2012）。

　アイヌ民族の生物観は、ほぼすべての動物や植物を神（カムイ）の化身と考え、人間と対等な存在として扱っていたが、少数の例外が主要な食料であるサケ、シカ、アザラシである（更科・更科 1976）。それらは神自身ではなく、神から与えられた食料と考えられていたのだ。例えば、「鹿とサケは空気や太陽

のように当然あるものとされていた。そのためか、熊はもちろんほかの小動物
でも神送りされるものがあるのに、どっさりおいしい肉や毛皮を届けてくれる
この動物のことを、神鹿（ユクカムイ）と呼ぶのは、私の調査では鹿の少ない
宗谷地方だけで、ここでは熊と同じように頭を股木の上に飾り、木幣を三本も
つけて送ったという」と記されている。サケやシカは無尽蔵と認識されていた
ので、神とは考えられず、儀礼の対象でもなかったのだ。資源はヒトがその有
限性を認識することで、管理という形で環境に介在する機能を有することを考
えると、アイヌ民族はサケ・シカ・アザラシという主要な食料を資源と認識し
ていなかったことになる。近世においても、資源化していない食料が存在して
いた点は、資源環境を考えるうえで留意せねばならない。

　さらに、「沙流川筋の長知内では鹿が少なくなってから、頭に普通の木幣を
つけて祭壇に収め、肉は神窓から入れるようになったという。鹿が不足してか
らの信仰の変化をしめしたものといえよう」という記述からは、動物を儀礼
の対象とするという心理現象は、それを資源として管理する意図性の表象とア
イヌ文化ではモデル化できそうだ。縄文時代の動物に関する儀礼では、千葉県
取掛西貝塚でイノシシ 7 頭の頭骨が並で検出された事例が最古とされる（西本
2013）。同じ遺跡から出土した前期の古人骨では、炭素・窒素同位体比から海
産物に強く依存した食生活が復元されている（米田ら 2021）。取掛西貝塚では
時期にずれがあるが、希少な資源であるイノシシは資源として管理し、儀礼の
対象にしたが、無尽蔵に存在した食料である海産物は資源と認識されなかった
のかもしれない。縄文時代の動物儀礼は狩猟の成就を祈った狩猟儀礼や多産や
豊穣のシンボルなどと想像されてきたが（設楽 2008）、人骨の同位体比で示さ
れた食生活と動物儀礼を対比することで、食料の資源化の文脈で再検討する価
値があるだろう。

6.　資源管理と低水準食料生産

　動植物のドメスティケーションと農業社会の成立の枠組みを整理した M.
Zeder（2015）は、B. Smith（2001）の提唱する低水準食料生産のはじまりを資

源管理で定義した。ここでいう管理とは、生産物の増産あるいは収穫がしやすくなることを期待して特定の種に対して、意図的に働きかける行為である。自然物への意図的な管理が資源化の一段階とするならば、ここでいう管理は資源管理と同義である。M. Zeder は動植物をふくむドメスティケーションを (1) 片利共生経路、(2) 獲物経路、(3) 直接的経路という3つの経路に整理した。ヒトは定住性が高まることによって、周辺環境の無意識・意識的に影響を与え、人為環境を形成した。縄文の森林利用で言及される二次林はこのような人為環境のひとつといえる。それは動植物によって新たなニッチとなり、ニッチ競争が野生種の間で展開したと考えられる。この人為環境への野生種の侵入は、侵入した動植物には利益があるが、ヒトにとっては利益がないので片利共生に区分される。長期的にわたり人為ニッチが維持された結果、侵入種が野生種とは異なる遺伝的特徴を獲得するのが、片利共生経路のドメスティケーションだ。ただし、侵入種が有益であるとヒトが認識して、特別な働きかけ（すなわち資源管理）を行うことで相利共生になっていることが、ドメスティケーションには必要である。場合によっては、片利共生のまま人為環境で別種に進化した生物（例えば、ロモジラミやコクゾウムシ）もいるが、これは一般的にはドメスティケーションとは呼ばない。

　このような共進化のなかでヒトが互酬的利益に自覚的になることこそが管理の開始であり、食料生産の開始点になる（Smith 2001）。すなわち、縄文時代に食料の資源化を求める研究は、食料資源の管理の開始、ひいては食料生産の開始という大きな画期の研究に直結していることを認識する必要がある。ヒトが新たな技術によって新たな資源を有用化することで資源環境が変化することは指摘されていたが（小野 2011）、ヒトが環境に働きかける生態系エンジニアリングによってなされるニッチ構築でも、資源環境の変化が起こる点は、ヒトと資源環境を研究するうえで意識する必要がある。

7.　おわりに

　日本考古学では、資源という用語は生態人類学に由来する生態学的概念とし

て導入され、動植物の資源量を定量的に評価することで人口動態のみならず、文化的な変遷を規定する要因として用いられるようになった。一方、ヒトと環境を媒介する存在として資源を扱う考古学的な視点からは、その有限性や管理の必要性という特徴から資源化というプロセスの重要性が認識されるようになった。再生不可能で可搬である石材と、再生可能で時空間での固定性に多様性がある食料とでは、資源化のプロセスは多様であり、資産・資本化の程度にも差異があった可能性がある。アイヌ民族誌では、近代であってもサケやシカを無尽蔵な食料と認識し、資源化していない事例も確認できた。

　空間的固定性がつよい植物については、加工施設から産地の資源化を読みとれる可能性が指摘されてきたが、さらに動物利用で考察した儀礼と資源化のアイヌ民族モデルを参照できるかもしれない。例えば、マメ科が土器に大量に混入された事例を植物の送りと解釈するならば、大型化したマメ類は管理対象と認識されており、ヒトが積極的に関与した傍証になるかもしれない。ただし、同様の表現型の変化は、遺伝的な変化によるものではなく、人為環境に適応して現れる遺伝的可塑性かもしれない（Piperno 2017）。ドメスティケーションの共進化説を援用すると、種実の大型化はヒトの意図とは関係ない植物の反応であり、ドメスティケーションの実証にはヒトの互酬的利益に対する認識と、資源管理の考古学的証拠が必要である。具体的には、他種の再生産に人間活動が介在した証拠（種子の散布能力や休眠性の喪失、屠殺個体の年齢・性別の偏りなど）、意図的な土地改変の証拠（畠地や耕作、施肥など）を見出す必要がある。それには、動植物遺存体における同位体分析から、ヒトによる動植物への働きかけを餌や生育環境の変化から復元する方法も有効と考えている（米田ほか 2019）。

謝辞

　明治大学日本先史文化研究所、資源利用史クラスター、黒耀石研究センターでの一連の共同研究で改めて「資源」について考える貴重な機会を得た。阿部芳郎前センター長、栗島義明特任教授をはじめ、議論して下さった皆様に感謝する。

IV
society

人骨

渡辺　新

　住居址の大きさの半分にも満たない遺構の中から、バラバラになった人骨が隙間なく層を成すような状態で発見されることがある。こうした事例は、千葉県の東京湾岸域を分布範囲とし、年代が縄文時代後期前半に限定されて、今のところ10例ほどを数える。私はこれを「人骨集積」と呼び、様式化された墓の一種と考えている（渡辺2015a・2016）。この種の墓に長年関心を持っていたなか、松戸市牧之内遺跡で「人骨集積」が新たに見つかり、終始調査に携わる機会を得た。

　先ず墓の上面を露出させると145×130cmの隅丸方形の浅い皿状を呈する遺構の内に、人骨は白骨化した状態で集められている様子とし、3体分が複雑に重なり合って85×60cm

写真1　牧之内遺跡の「人骨集積」出土状態

の広がりを見せる。その広がりが遺構の輪郭よりも一回り以上狭いうえ中央に偏っているのは、遺構縁辺に沿って幅広く深い溝が一周しているからだと判明する（写真1）。人骨は貝に覆われていないにもかかわらず幸い多くが原形を保っている。とはいっても骨の表面は粉を吹いたような非常に脆弱な有様で、すぐにでも調査に着手すべき状況であったが、一ヶ月以上の準備期間を置かねばならず、それまで簡易な小屋架けをして保全することにした（写真2a）。その間、台風の通過もあったが、直射日光さえ避ければ白骨は劣化なく長時間保たれるのだと、図らずも実証実験した形になる。発掘は日光が当たらないよう遺構全体をテントで覆い（写真2b）実施した。

　骨は脆弱なので取り上げるのに困難であろうと覚悟していたのだが、状況は予想以上に厳しい。骨は含水した片栗粉が凝固したような状態で、必要以上に乾燥させてしまうと少し触れるだけで形が崩れそうになる。当初は竹ベラと刷毛で土を除去し、骨を露出させる手はずであったが、変更余儀なく新たに発掘道具を準備する。ピンセットには先端の形状に様々な型があり、そのなかからツル首型・有鈎型・先鉾型の3種類を選ぶ。そして、わずかな隙間にも器具の先端が深くまで届く歯科医療用のセメントスパチュラー・スケーラーを調達。これが入手困難なら竹串や精密ドライバーでも代用が利く。それに大中小3つのサイズのブロワーブラシが必需となる。

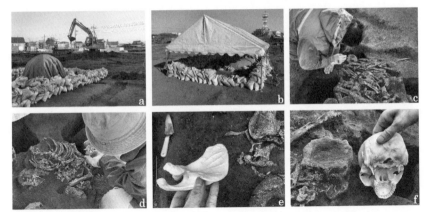

写真2　脆弱な骨に対処する調査の方法

骨を取り上げる作業では、骨同士の隙間に入り込む黒色の土をピンセットで挟み潰す。細粒に潰した土は30分もすると乾燥して白っぽくなる。それをブロワーブラシの大サイズで吹き飛ばし、骨の輪郭をおおまかに露出させる。そして骨自体に付着する土は歯科医療用具や竹串、精密ドライバーで表面が傷つかないよう突いて浮かしてゆく（写真2c）。浮かした土はブロワーブラシで吹き飛ばすのだが、骨の表面を崩さないように適宜サイズを選んで行う必要がある。これを何度も繰り返し、すっかり露出させた骨は光波測距儀で平面座標と標高を記録する（写真2d）。骨の大半は原形を留めているので部位の同定に不自由しないが、全てを崩すことなく取り上げるのは至難である。そこで通例なら室内整理作業で行う骨の部位同定を発掘現場で実施。等身大の人体骨格分離模型標本を常備し、部位同定（写真2e）、骨の向きを確認（写真2f）。

写真3　所作の一場面・体幹骨への長骨刺入

個々の骨にスケールを添えて撮影を行い、発掘調査と整理作業を同時進行させる形で、脆弱な骨に対処する調査の方法を採った。

　結果、逆に骨が脆かったことで自ずと上部の骨から順に取り上げる行程となり、複雑な重なり合いを見せる人骨の上下の位置関係を把握するのに奏功。縄文人が骨を積み上げてゆく所作（写真3）の一部始終を目の当たりにすることができた（渡辺2015b・2020）

科学的分析から
集団関係を探る

日下 宗一郎

1. はじめに

　縄文時代に暮らした狩猟採集民の集団関係について、どのような方法で調べることができるだろうか。本論では自然人類学などのさまざまな視点から過去の集団の特徴を明らかにする手法について紹介する。とくに古人骨の科学的分析から分かってきたことと、資源利用と社会との関連について考察する。そして、科学的な視点から縄文時代の集団関係を明らかにする研究の進展の一助としたい。

2. 遺跡から出土する古人骨

　縄文時代における狩猟採集民の生活像の復元は、出土する遺物や遺構を手がかりとしてきた。遺物や遺構は、縄文時代人が生み出して残したものであり、過去の生活を物語る資料である。いっぽうで、縄文時代における人と人との関係を探る手段を見つけることは、難しい課題の一つである。多くの場合、遺物や遺構は誰が使用したのか、使用者を特定することは困難である。ある集落で生活していた人々は、墓に埋葬されてその生涯を終える。そこで、墓の種類や副葬品、頭位方向や埋葬姿勢などの墓制の研究が行われることで、個人の生前の特徴を明らかにできる可能性がある（山田 2020）。

　さらに、墓に埋葬された古人骨が残存していれば、自然人類学的な研究対象とすることが可能である。骨形態の計測値の分析によって、集団の類似性や集団の由来が研究されている。自然人類学の中でも、とくに古人骨の分析から過去の生活や生業の実態を復元する方法は、骨考古学と呼ばれている。骨考古

学の手法を用いれば、身体的特徴や集団の類似度、過去の病気など様々な事項を調査することができる（片山 1990）。一人一人をつぶさに調べていくことで、集団内の個人の関係性や、人の交流や来歴を検討できる可能性がある。

3. 抜歯風習について

　縄文時代の集団関係を探る研究に先鞭を付けたのは、抜歯風習を手がかりとした研究である。とくに縄文時代後・晩期の貝塚遺跡から、多くの歯種が抜かれている人骨集団が見つかっている。抜歯風習の施工の時期は、およそ第二次性徴の発現の時期に当たると考えられてきた（長谷部 1919、宮本 1925、清野ほか 1929）。このことから、抜歯風習は成人儀礼として行われたと推察された（長谷部 1919、渡辺 1966）。

　古人骨に残された抜歯風習が体系的に調査され、その型式分けが行われた（図 1；春成 1973・1974・1979）。上顎の犬歯 2 本を抜く型式は、ほとんどの個体が抜いているため、0（ゼロ）型とされた。上顎の犬歯 2 本に加えて下顎の犬歯 2 本を抜く型式が 2C 型、上顎の犬歯 2 本に加えて下顎の切歯 4 本を抜く型式が 4I 型と名付けられた。2C 型からさらに下顎の中切歯 2 本を抜く型式は、2C2I 型と名付けられ、4I 型からさらに下顎の犬歯 2 本を抜く型式は 4I2C 型と名付けられた。2C 型と 2C2I 型は同じ系列と考えられ、まとめて 2C 系と呼ばれ、4I 型と 4I2C 型は 4I 系と名付けられた。抜歯風習は、その発見当初からさまざまな型式分けが行われてきた（宮本 1925 など）。4I 系と 2C 系の系列分けは分かりやすく少数の型式にまとめられたことが特徴である。

　抜歯風習は縄文時代の親族関係を解く手がかりと考えられ、性別、死亡年齢、副葬品、頭位方向、墓地内の埋葬地点などとの関係が調査された（春成 1979）。岡山県の津雲貝塚においては、男性に 0 型と 2C 型が多く、女性に 4I 型が多い傾向が観察された。いっぽうで愛知県の吉胡貝塚や稲荷山貝塚においては、男女ともに 2C 型と 4I 型が同数程度含まれている傾向にあった。合葬人骨を見てみると、4I 型どうしと 2C 型どうしが埋葬されている事例が多く見つかっていた。鹿角製の腰飾りの装着頻度は、4I 型の方に多く偏っているこ

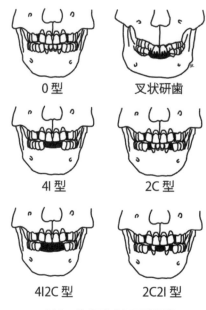

0型　　　　叉状研歯

4I型　　　　2C型

4I2C型　　　　2C2I型

図1　抜歯型式と叉状研歯

とから、4I型の人物の優位性が見いだされた。さらに、民族例などが調査され、台湾のタイヤル族などに見られる婚姻抜歯に基づく類推から、4I型抜歯人骨が身内、2C型抜歯人骨が婚入者を表示していると考えられたのである（春成1979）。

　この仮説には異論もあったが、縄文時代の親族組織についての手がかりが皆無だった状況に風穴を開けたために、よく知られている。これに対して、抜歯に基づいて親族組織を検討した研究においては、一つのムラを外婚の単位とする出自表示仮説は、近世の民俗例などを利用しており、出自集団を外婚の単位としていないために成り立たないのではないかとの論証が行われた（田中1998）。その代わりに、抜歯に二系列があることは、ムラの中に半族組織を想定させるとした。民族例からは、縄文時代は氏族外婚が行われ、夫方居住であったと推論されている（大林1971）。そのほか、後述する自然人類学の手法による検討が進むとともに、後に著者自身によって出自表示仮説は撤回されている（春成2013）。これらのような、仮説の立案や棄却は、科学の進展にとって健全なものである。

4. 叉状研歯について

　縄文時代の古人骨の歯に残された風習として、叉状研歯がある。この風習は、上顎の中切歯に、二つの切れ込みをいれることで三叉状にした、身体変工

の一つである。側切歯には、一つの切れ込みを入れることで二叉状になっている場合もある。この叉状研歯には抜歯も伴うことが普通である。叉状研歯の施されている個体は愛知県の吉胡貝塚、伊川津貝塚、稲荷山貝塚、雷貝塚、大阪府の国府遺跡などから出土している。吉胡貝塚では、叉状研歯人骨が341体中7体、伊川津貝塚では183体中9体出土している。中切歯を観察できる事例を考えると、集団中に10％を越えるくらいの叉状研歯の人物が含まれていたことが想定されている（春成1989）。そのほか、東海地域の遺跡と、近畿地域の国府遺跡、観音寺本間遺跡を合わせて30体以上出土している。叉状研歯人骨は、その見た目の特殊性から、何を意味しているのかについて考察が行われてきた。

　国府遺跡の出土人骨に叉状研歯があることを紹介したのは小金井（1919）である。叉状研歯の意義については、装飾の意義や妖術者などの類推が行われている。鈴木（1939）は伊川津貝塚の出土人骨にこれを発見し、叉状研歯という用語を用い始めた。伊川津貝塚で発掘された3体の合葬例から、種族の有力者ではないかと考えられた。そのほか、男性は戦士であったり女性は呪術者であったりすることが想定され、集団の指導者とも解釈された（小林1967）。叉状研歯の意義の手がかりとなるのは、性別や抜歯系列であるだろう。男性にも女性にも施されており、特殊な装身具を多数身につけている例もあることから呪術者や族長など、集団の代表として中心的な役割を果たす人物であると考えられた（春成1973・1989）。4I系の抜歯が施されている例が多いことから、4I系が在地出身であることの論拠ともされた。2C2I型が見られるのは、本刈谷遺跡の1事例と、国府遺跡の1事例である。

5. 自然人類学の手法

　さらに、自然人類学の手法によっても、集団関係の調査が行われている。津雲・吉胡・稲荷山貝塚の人骨の頭蓋骨について、類似度を比較したところ、4I系どうしの類似度が2C系どうしのそれよりも高く、出自表示仮説と適合しているとされている（毛利ほか1998）。伊川津貝塚出土人骨の歯冠計測値を調べ

た研究によると、2C系どうしのQモード相関係数が高く、2C系どうしにも血縁関係があった可能性が述べられている（田中・土肥1988）。また、津雲・吉胡・稲荷山貝塚の人骨の歯冠計測値について比較したところ、それぞれの集団が独自のクラスターを作ることなく、類似している結果となっている（松村2000）。頭蓋の計測値においても同様に、集団間変異が、集団内の変異と同じくらい大きいことが知られている（近藤2008）。以上のように、自然人類学の手法によって、古人骨の血縁関係や抜歯との関係について調べられてきた。

　人間にとって自然環境の資源化の最たるものは、食物の摂取である。縄文時代の食物資源は、遺跡から出土する動植物遺存体によって伺い知ることができる。人が直接摂取した食資源を復元する手法に、古人骨の炭素・窒素同位体分析がある。その詳細な手法や研究史については別稿に譲ることとするが、初期の研究では地球化学と自然人類学の視点から研究が行われた（Minagawa and Akazawa 1992など）。そこでは、人類の環境適応という生態学的な観点から、日本列島の各地域に暮らした縄文時代人の食性が復元された。とくに、骨コラーゲンの炭素・窒素同位体比は陸上資源と海産資源で同位体比が大きく異なり、列島での地域差が生じていたことが指摘された。食物摂取割合は数理的な手法で計算され、集団ごとの平均値を使って比較が行われた。いっぽうで、骨考古学的な観点から見ると、ある個体の食生活がどのようであったのか、集団内の食性の個人差が大きいのはなぜかという疑問が生じる。しかし、先行研究では分析された個体番号が報告されていなかったために、この検討が困難であった。清野謙次の『日本貝塚の研究』（1969）や、混血説のもととなった一連の形態計測の研究においては、発掘の記録や個体ごとの計測値の詳細が公開されており、後の自然人類学の研究に大いに活用されてきた。

　筆者は、古人骨に施されていた抜歯風習に強く惹かれ研究を始めた。とくに抜歯に対応して食性が異なっていたのではないか、という仮説検証型の研究を行った。これを立案したのは、まさに抜歯二系列が婚姻移住を示しているのならば、食性が異なるかもしれないと考えたからであったように思う。その結果、津雲・吉胡貝塚では関係が見られなかったが、稲荷山貝塚においては性別

や抜歯と同位体比の間に対応が見られた（Kusaka *et al.* 2008）。4I系男性のほうが陸上資源に依存する傾向にあり、2C系男性のほうが海産資源を利用する割合が高かった。この結果を見ると、抜歯型式の分け方が当時の認識と一致した分け方であるように感じた。この結果に対して、抜歯と対応して生業をやや異にする小集団が存在していた可能性や、年代によって食性が変化した可能性などが指摘された。さらに、食事全体のエネルギー源を反映するハイドロキシアパタイトの炭素同位体分析によって、歯のエナメル質や骨にも同様の傾向が記録されている傾向を報告した（Kusaka 2019）。このことは、2C系の個体は幼少期と成人期のどちらもが海産物の摂取傾向にあったことを示している。仮説はある遺跡では支持され、ほかの遺跡では支持されなかった。このことが何を意味するのかについてさらなる追求をすることとなった。

6. 集団間の人の移動

　人の移動を追求する手段としてストロンチウム（Sr）同位体分析が開発されてきた。元々は、岩石の年代測定などに利用されていた地球化学の手法であるが、地質によって異なる値を示す事から、考古学への利用が開始されていた。たとえば、北米のベル・ビーカー文化の古人骨が分析され、集落へ移動してきた移入者が検出された（Price *et al.* 1994）。このような研究は、世界各地の先史集団へ応用されつつあり、人の移動を調べることのできる手法は、抜歯出自表示仮説を直接的に検討できるのではないかと考えた。

　分析の結果、抜歯風習のある吉胡・稲荷山貝塚においては、子ども期によその場所で育った可能性のある移入者を検出することができた。結果をみると、男性も女性も集団間を移動した可能性があり、4I系も2C系も移入者が含まれており、2C系の移入者の割合が高い傾向にあった。このような結果は、2C系が移入者であるという仮説を支持するものではなかったが、2C系が移動する傾向にあったことを示していた。ストロンチウム同位体から推測できる地理的な移動の傾向は、4I系と2C系の個体でやや異なっていた可能性がある。ただし、移動してきた可能性のある個体の検出は可能であるが、移動してきた理

IV

society

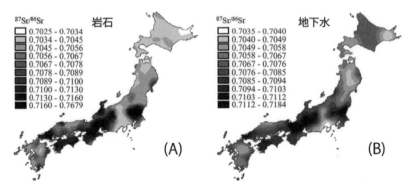

図2　日本の岩石（A）と地下水（B）の Sr 同位体比地図（Nakano *et al.* 2020 を修正）

由までは定かではない。すべてが婚姻移住であれば、男女ともに婚姻によって
移動する社会であったことが想定されるが、個人単位や家族単位での移動な
ど様々な場合が推察される。仮説の検証といっても立案された仮説にぴったり
と適合した手法はなく厳密な検証は難しい。ここに科学的な分析の難しさがあ
り、考古学や他分野との共同研究が必要な理由がある。

　Sr 同位体分析を行うためには、遺跡周辺の値の地理的な分布を調べておく
必要がある。この目的に利用できるのが、岩石や地下水の Sr 同位体比地図で
ある。日本中の岩石データの集成と、ボトル水の分析によって列島の Sr 同位
体地図が作成された（図2：Nakano *et al.* 2020）。列島スケールのため解像度は
それほど高くないが、調査地の候補の検討に利用することができる。これを活
用した事例として、長野県の宮崎遺跡から出土した小児骨の分析事例がある
（日下ほか 2020）。宮崎遺跡からは、立命館大学の調査によって、石棺墓に埋葬
された乳児骨が出土した。およそ6～9ヶ月の乳児骨が、石棺墓に手厚く埋葬
されていた事例としては、縄文時代で唯一のものである。しかし、この個体の
Sr 同位体分析や炭素・窒素同位体分析からは、遺跡外の出身地や特別な食事
の傾向は示されなかった。

7. 古人骨資料の年代の分布

　放射性炭素年代測定は、有機物に多く含まれている炭素を利用して経過した年代を調べる手法である。古人骨のコラーゲンをグラファイト化することで、年代測定が可能である。計測の誤差や様々な仮定に基づいた計算を行っているために、確率分布として年代幅は200年程度となる。ある個体が生きていたのは、その死亡年齢にわたる期間であり、摂取した陸上資源はその当時か数年前に固定された炭素に由来するので、数十年という年代幅が想定される。つまりは、古人骨から計算された確率分布の範囲内の数十年間に生きていた可能性が高いということを、古人骨の放射性炭素年代は示すと考えられる。これは集団の年代の分布に対しても言えることで、集団全体として数百年の幅があったとしても、実際の居住や埋葬が行われた時期は、その範囲より狭かったはずである。木材資料のウイグルマッチング法のように、より確かな帰属年代を調べる手法の開発が将来の課題である。

　いずれにせよ、古人骨の年代測定によってある程度の帰属年代を調べることができる。稲荷山貝塚の事例は、食性の時期的な変化の可能性を示唆していた。これを検証するために年代測定を行った結果、年代によって食性が異なる傾向にあった（図3；Kusaka *et al.* 2018）。海洋リザーバー効果を補正する前でも、海産資源を多く摂取した2C型の男性が新しい年代を示していた。稲荷山貝塚においては抜歯型式を詳しく見ると、まず陸上資源を多く摂取していた4I型の男性と女性が埋葬されていた。その後、2C型の男性と4I2C型の女性が埋葬されていた。その後の時期に、個体数は少ないが4I2C型の男性・女性が埋葬されていた。女性は4I型から4I2C型へと、男性が2C型へと変化したのに対応しているかのように時期的な変化をしているのは興味深い。必ずしもそれらを4I系とひとまとめにできないことを意味している。これらは、海退の時期に相当し、屈葬から伸展葬への埋葬姿勢の変化や、異なる墓域に埋葬されるなどの時期的な変化を伴っていた。つまりは、当初、抜歯が婚姻移住と結びついていたとの考えから、資源利用との対応へ、次に自然環境・資源利用・

IV
society

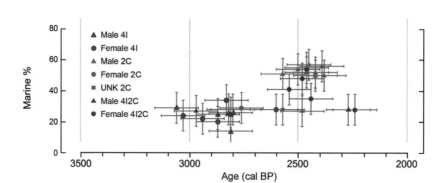

図3　稲荷山貝塚出土人骨の海産物依存度と帰属年代

　抜歯風習・墓の属性の変遷へと、仮説が進展してきたのである。

　放射性炭素年代測定は、そのほかの遺跡についても報告がされている。近年の発掘である富山県の小竹貝塚の事例もある（米田2014）。熊本県の轟貝塚においては、古人骨の帰属年代が、早期末から後期初頭までばらついており、ひとつの集団として構成の分析は適切ではない（山田ほか2019）。伊川津貝塚や吉胡貝塚についてもいくつかの年代の報告があるが、将来的に総合的な検討が必要である。岡山県の津雲貝塚の事例では、少数の個体が前期から後期中葉に属し、多くの個体が後期後葉から晩期に帰属していた（山田ほか2020）。多数の個体が確率分布でいえば重なる時期に帰属しているので、稲荷山貝塚ほど明確な食性や抜歯の時期的な変化は報告されていないが、この解析に関しては将来の課題としたい。

　国府遺跡も人類学の初期より研究が行われた学史的に重要な遺跡である。この遺跡から出土した人骨については、珠状耳飾りや抜歯風習から、前期や後期の年代が推定されており、放射性炭素年代測定の結果もそのような考古学的な推定を支持するかたちとなった。時期によっても食性に見られる資源利用に変化が生じており、大阪平野にあった河内湖の盛衰という環境変化に対応している可能性がある（日下ほか2015）。

8. 叉状研歯の人物の食性

国府遺跡からは、叉状研歯の人骨が出土している。叉状研歯も抜歯に並んで興味深い風習であるが、もし特別な人物であったならば、特別な食事をしていた可能性も考えられる（Kusaka *et al.* 2008）。この仮説を検討するために、これまで叉状研歯の分析事例を集成してみると、興味深い結果となった。吉胡貝塚、稲荷山貝塚、保美貝塚においては、植物資源に強く依存する叉状研歯の個体がいて、海産資源をあまり摂取していなかったのに対して、そのほか吉胡貝塚の叉状研歯の事例では、集団中の個体と同じくらい海産資源を利用していた。ここでも、一部の個体では特別な食事の可能性が支持されたが、ほかにそうでない個体もいた。ただし叉状研歯の人物が海産資源の利用割合では分からない特別な食事をしていた可能性は残る。まだ未分析の叉状研歯の事例を追加していくことが期待される。

9. まとめに代えて

古人骨に対面して研究を開始するときには、亡くなった人を分析させていただいているという事を実感する。ある骨には、その人が生きていた証しがさまざまに記録されている。それを読み解くのが骨考古学の手法である。たとえば、ある男性は、生前に内陸の集落で生まれ、成人として認められ上顎の犬歯を抜歯した。海岸部の集落に移動して、ほかの男性と同じように下顎の犬歯を抜歯した。集落には下顎の切歯と犬歯を抜歯した女性がいて、海産資源をともに獲得し利用した。やがて年老いて家族や仲間によって伸展葬で埋葬された。そして 2500 年の時が経過して、発掘されていまに至る。どれもかもしれないという確率の話であるが、それらの精度・確度を高めることが求められている。

IV
society

column 7

レプリカ法による
土器圧痕調査

佐々木 由香

　土器の表面や断面には、焼成前に混和材として入った砂や礫などの鉱物のほか、よく観察すると様々な小さなくぼみがある。くぼみの大半は、鉱物が焼成中に抜け落ちた痕跡や空隙であるが、粘土に混ざった種子・果実や昆虫の痕跡もある。この「圧痕」と呼ばれるくぼみの観察は、くぼみにシリコーン樹脂を流して型をとり、作製したレプリカを走査電子顕微鏡などで観察する「レプリカ法」で行われてきた（丑野・田川 1991）。シリコーン樹脂によって圧痕の型を取れば、土器の焼成時に失われた植物や昆虫などの外形を観察でき、種類が特定できる（図1）。レプリカ法による土器圧痕の研究はこの30年ほどで急速に普及し、新たな発見が相次いでいる。

　レプリカ法の第一の利点は、精緻な土器編年と対照して圧痕の詳細な時期が判明する点である。また種実や昆虫の圧痕は、土器づくりの場にこれらが存在していた証となる。時代と場所の保証は考古学の資料として大きな利点である。また、マメ類などの比較的柔らかく、低湿地遺跡などでも残りにくい種子でも、圧痕では残っている。

　レプリカ法による土器圧痕研究は2007年に大きな転機を迎えた。この年に、九州地方の3000年前ごろの縄文時代の土器にしばしば見られた大きな種子圧痕がダイズであると判明した（小畑ほか2007）。この圧痕のダイズは、ダイズの野生種であるツルマメよりも遥かに大きく、現在の栽培種のダイズの大きさであった。翌2008年には山梨県の縄文時代中期の土器から、さらに古い5000年前ごろのダイズ種子の圧痕が発見された（中山ほか2008）。それまで、ダイズは弥生時代に韓半島経由で日本列島にもたらされた外来の栽培植物と考えられていたが、中部高地における5000年前ごろの栽培サイズのダイズ種子圧

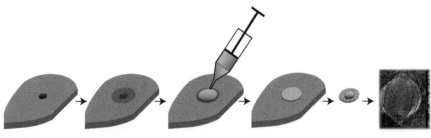

圧痕内を洗浄する	圧痕内および周囲に離型剤を塗る	圧痕内および周囲にシリコンを注入する	シリコンの上面を平坦にする	実体顕微鏡および走査電子顕微鏡で観察する

図1　圧痕レプリカの採取方法（佐々木 2019 を一部改変）

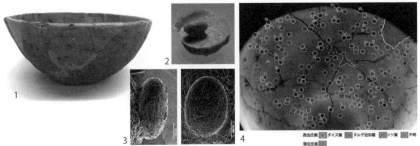

写真1　東京都七社神社前遺跡出土の縄文時代前期の土器と圧痕のレプリカ、
土器のX線写真（佐々木2021を一部改変、土器写真は北区飛鳥山資料館提供）
1. 土器の側面（穴が圧痕）　2. ダイズ属種子圧痕のレプリカ　3. ダイズ属種子圧痕のレプリカの走査電
子顕微鏡写真　4. 土器内面の軟X線写真（黒丸は外側と粘土内部の種実圧痕）

痕の発見は、ダイズ外来説を否定した。その
後、現在の栽培種の大きさのアズキ種子やシ
ソ属（エゴマ）果実の圧痕も、縄文時代中期
を中心とした土器から発見されたため、縄文
人がマメ類やシソ属を栽培していて、野生種
から栽培種の大きさの果実をつける品種を選
抜していた可能性が提唱されるようになった。
こうした土器圧痕の検討から、少なくともダ
イズとアズキは日本列島で栽培化されたと考
えられるようになった（小畑2016、中山2010）。

通常、発掘された土器は、記録されて報告
書が出されると、文化財の保管施設に収蔵さ
れる。完形の土器や文様・形が特徴的な土器
を除いて、土器の破片の多くは一度報告され
ると再び調査されるのは稀である。レプリ
カ法による土器の圧痕調査の普及によって、
眠っていた土器破片が悉皆的に調査されるよ
うになった。この結果、縄文時代中期ごろの
関東地方西部や中部地方などでまず大型化し
たダイズやアズキの種子圧痕が出現し、後期

には西日本や九州地方にも出現する様相が明
らかになった。韓半島経由で西日本から東日
本へ伝播したのではなく、「東から西へ」と
広がっていったのである。

縄文土器に見られる興味深い事例として、
縄文時代前〜中期ごろの複数の遺跡で土器に
多量の種実圧痕が残る例が発見された。含ま
れている種実圧痕は、ダイズやアズキ、シ
ソ属（エゴマ）などの有用植物ばかりであっ
た。軟X線やX線CTで観察すると、マメ
類なら数百個、エゴマなら数千個が土器胎土
に均質に入っていた（写真1）。

このように、発掘後、保管されている土器
でもレプリカ法による圧痕調査という「第二
の発掘」がされるようになり、現在ではX
線を使用して粘土の内部でも「第三の発掘」
（小畑2019）がされるようになってきた。土
器の持つ未知の情報は膨大であり、眠ってい
る情報を引き出すのは、これからである。

参考文献・出典一覧

赤沢　威　1969「縄文貝塚産魚類の体長組成並びにその先史漁撈学的意味―縄文貝塚民の漁撈活動の復源に関する一試論―」『人類学雑誌』77―4、pp.36‐60

麻生　優　2001『日本における洞穴遺跡研究』、私家版

麻柄一志　2007「列島を席巻する成興野型石棒」『考古学に学ぶⅢ』同志社大学考古学シリーズ刊行会、pp.59‐72

阿部芳郎　2021「縄文土器と社会」『季刊考古学』第155号、pp.14‐19

阿部芳郎　1996a「縄文時代のなりわいと社会」『季刊考古学』55、pp.14‐20

阿部芳郎　1996b「食物加工技術と縄文土器」『季刊考古学』55、pp.21‐26

阿部芳郎　1998「縄文土器の器種構造と地域性」『駿台史学』102、pp.51‐82

阿部芳郎　1999「精製土器と粗製土器―学史的検討と土器型式による地域認識の問題―」『帝京大学山梨文化財研究所研究報告』9、pp.265‐284

阿部芳郎　2001「縄文時代後晩期における大形竪穴建物址の機能と遺跡群」『貝塚博物館紀要』28、pp.11‐29

阿部芳郎　2007「内陸地域における貝輪生産とその意味」『考古学集刊』3、pp.43‐64

阿部芳郎　2014a「資源利用からみる縄文社会」『季刊考古学別冊』21、pp.7‐13

阿部芳郎　2014b「貝輪の生産と流通―装着習俗の変革と社会構造―」『季刊考古学別冊』21、pp.96‐106

阿部芳郎　2020「「縄文容器論」の展開と可能性」『季刊考古学別冊』31、pp.85‐98

飯野頼治　1995『秩父の木地師たち』

池谷和信　2003『山菜採りの社会誌―資源利用とテリトリー』東北大学出版会

池谷信之　2018「大鹿窪遺跡出土黒曜石製石器の原産地推定」『史跡大鹿窪遺跡発掘調査報告書』富士宮市埋蔵文化財調査報告書53

池谷信之　2020「神津島産両面体石器の運用とその社会的背景」『2020年静岡県考古学会シンポジウム縄文時代草創期の初期定住とその環境―富士山麓からの視点―』静岡県考古学会・富士宮市教育委員会、pp.18‐24

伊藤良枝　1999「房総における縄文時代の小型獣狩猟―有吉北貝塚を中心に―」『動物考古学』13、pp.17‐32

石川隆司　1985「縄文貝塚出土釣針における漁獲選択性の応用（試論）」『法政考古学』10、pp.68‐91

石丸恵利子　2005「魚類の体長復元と中世の調理方法―草戸千軒町遺跡出土のマダイ・クロダイを例として―」『考古論集　川越哲志先生退官記念論文集』pp.689‐704

石丸恵利子　2007「山間地域における縄文時代の狩猟と遺跡の利用形態」『動物考古学』24、動物考古学研究会、pp.1‐23、

石丸恵利子・海野徹也・米田穣・柴田康行・湯本貴和・陀安一郎　2008「海産魚類の産地同定からみた水産資源の流通の展開―中四国地方を中心とした魚類遺存体の炭素・窒素同位体分析の視角から―」『考古学と自然科学』57、pp.1‐20

石原道知・荒木臣紀・宮田将寛・齊藤成元・中野稚里・磯野治司　2020「埼玉県北本市

デーノタメ遺跡出土縄文時代の漆塗腕輪 X 線 CT 観察事例報告」『日本文化財科学会
　　第 37 回大会研究発表要旨集』pp.290 - 291
井上　肇ほか　1984『寿能泥炭層遺跡発掘調査報告書―人工遺物・総括編―』埼玉県教育
　　委員会
今橋浩一　1980「オオツタノハ製貝輪の特殊性について」『古代探叢―滝口宏先生古希記
　　念考古学論集―』早稲田大学出版部、pp129 - 140
今村啓爾　1983「文様の割りつけと文様帯」『縄文文化の研究　第 2 巻　縄文土器Ⅲ』雄
　　山閣出版、pp.124 - 150
茨城県教育財団　1980『冬木地区土地区画整理事業地内埋蔵文化財調査報告書―冬木 A
　　貝塚・冬木 B 貝塚―』茨城県教育財団文化財調査報告Ⅸ
茨城県教育財団　2007『栗島遺跡』茨城県教育財団文化財調査報告 268 集
植月　学　2010「縄文時代晩期骨塚における動物遺体の形成過程」『動物考古学』27、
　　pp.1 - 16
植月　学　2004「縄文時代における魚類の解体と保存加工―強度評価にもとづく部位構成
　　の検討―」『動物考古学』21、pp.17 - 33
上峯篤史　2018『縄文石器―その視角と方法―』京都大学学術出版会
鵜沢和宏　1992「耳石にもとづくマダラ（Gadus macrocephalus）漁期の研究　―有珠 10 遺
　　跡出土マダラ耳石について―」『人類学雑誌』100―3、pp.331 - 339
牛沢百合子　1980「縄文貝塚研究史序説」『どるめん』24・25、pp.49 - 74
内山純蔵　2007『縄文の動物考古学』　昭和堂
内堀基光　2007「序―資源をめぐる問題群の構成」内堀基光 編『資源人類学 01 資源と人
　　間』pp.15 - 43
うるま市教育委員会　2019『市内遺跡発掘調査報告書―田場遺跡、上江洲ウフガー、藪地
　　洞穴遺跡』　うるま市文化財調査報告書 32 集、うるま市教育委員会
江坂輝弥　1962「縄文時代の植物栽培存否の問題」『立正考古』20、pp5 - 7
江坂輝弥　1964「蛇の装飾する縄文中期の土器（第 2 回研究大会）」『民族學研究』26、
　　pp.154 - 155
江坂輝弥　1978「日本の貝塚研究 100 年　Ⅰ～Ⅳ」『考古学ジャーナル』144・146 ～ 148、
　　pp.2 - 7・2 - 7・2 - 5・6 - 9
江坂輝爾・岡崎　敬・賀川光夫・鎌木義昌・芹沢長介・藤森栄一　1972「尖底土器と平底
　　土器」『縄文時代の考古学』pp.67 - 96、学生社
江原　英　2012「栃木県寺野東遺跡」『縄文時代の資源利用―民俗学と考古学から見た堅
　　果類の利用及び水場遺構』縄文時代の資源利用研究会、pp.62 - 79
遠藤邦彦　2015『日本の沖積層―未来と過去を結ぶ最新の地層―』富山房インターナショ
　　ナル、p.415
遠藤邦彦　2017『改訂版、日本の沖積層―未来と過去を結ぶ最新の地層―』冨山房イン
　　ターナショナル
及川昭文・宮本定明・小山修三　1980「貝塚データベース：その作成と応用」『国立民族
　　学博物館研究報告』5―2、pp. 439 - 470
及川良彦・山本孝司　2001　「土器作りのムラと粘土採場―多摩ニュータウン No.245 遺跡

と No.248 遺跡の関係」『日本考古学』11、pp.1 - 26

及川良彦・山本孝司　2001「土器作りのムラと粘土採掘場—多摩ニュータウン No.245 遺跡と№248 遺跡の関係—」『日本考古学』11、日本考古学協会、pp.1 - 26

大山　柏　1932「ブダイ」『史前学雑誌』4—3・4、pp.97 - 99

大山　柏　1944『基礎史前学』弘文社

大泰司紀之　1980「遺跡出土ニホンジカの下顎骨による性別、年齢、死亡季節推定法」『考古学と自然科学』13、pp.51 - 73

大泰司紀之　2003「哺乳類の齢査定と季節推定」『環境考古学マニュアル』同成社 pp.210 - 220

大島直行　1996「北海道の古人骨における齲歯頻度の時代的推移」『Anthropological Science』104—5、pp.385 - 397

大野　薫　2011「縄文集落における弱定着性と回帰的居住」『季刊考古学』114、雄山閣、pp.50 - 53

大林太良　1971「縄文時代の社会組織」『季刊人類学』2、pp.3 - 81

岡村道雄・松藤和人・木村英明・辻　誠一郎・馬場悠男　1998『旧石器時代の考古学』学生社

小川岳人　2009「海進期の奥東京湾沿岸遺跡群」小杉康・谷口康浩・西田泰民・水ノ江和同・矢野健一 編『生活空間　集落と遺跡群』縄文時代の考古学 8、同成社

沖縄考古学会　2017『沖縄の土器文化の起源を探る』沖縄考古学会 2017 年度研究発表会資料集、沖縄考古学会

小倉博之　2004「大阪平野の発達史と地盤環境」『日本の地形 6—近畿・中国・四国』東京大学出版会、pp.88 - 91

桶川市教育委員会　2007『後谷遺跡　第 4 次調査報告書』

忍澤成視　2001「縄文時代におけるオオツタノハガイ製貝輪の製作地と加工法—伊豆諸島大島下高洞遺跡 D 地区検出資料からの検討—」『日本考古学』12、pp.21 - 34

忍澤成視　2011『貝の考古学』同成社

小野　昭　2011「資源環境の中の黒曜石−方法上の展望」『資源環境と人類』1、pp.1 - 8

貝塚爽平ほか　2000『日本の地形 4　関東・伊豆小笠原』東京大学出版会、p.349

河西　学　1999「綾瀬市上土棚南遺跡出土縄文後期土器の胎土分析」『綾瀬市史研究』6、pp.13 - 43

河西　学　2010「土器胎土からみた土器の産地と移動」『移動と流通の縄文社会史』雄山閣、pp.131 - 156

河西　学　2011「伊豆諸島出土縄文土器の岩石学的手法による胎土分析」『環境史と人類』5、pp.151 - 181

河西　学　2015a「前付遺跡出土貯蔵砂・粘土塊・土器の岩石鉱物分析」『前付遺跡・大祥寺遺跡』笛吹市文化財調査報告書 31、pp.298 - 307

河西　学　2015b「縄文土器原料からみた土器の移動—前付遺跡貯蔵砂からの再検討—」『山梨県考古学協会誌』23、pp.1 - 8

河西　学　2016「笹山遺跡出土縄文土器の胎土分析およびベンガラ塊の特徴」『ささやまの耳—笹山遺跡第 8 ～ 10 次調査成果概要—』十日町市教育委員会、pp.14 - 21

河西　学　2018「土器胎土からみた縄文土器の混和材―多摩ニュータウン No.72 遺跡、No.245 遺跡の事例―」『帝京大学文化財研究所研究報告』17、pp.83-99

河西　学　2019a「胎土分析と地質」『考古学ジャーナル』No.724、pp.6-10

河西　学　2019b「縄文前期末〜中期土器胎土の肉眼観察による交通路復元への基礎的研究」『山梨考古学論集Ⅷ』pp.217-240

河西　学　2020「土器胎土からみた縄文時代土器作りの移り変わり」『考古学と歴史学』中央大学人文科学研究所研究叢書 73、77-113

橿原考古学研究所　1957「二上山文化総合調査」『奈良県文化財要覧（昭和 30〜31 年度版』奈良県教育委員会

香芝市教育委員会 編　2007『香芝市文化財調査報告 8：平地山遺跡・サカイ遺跡』

加曾利貝塚博物館　1976『加曾利南貝塚』中央公論美術出版

片岡太郎・上條信彦・佐藤信輔・佐々木理　2017「X 線 CT 観察による縄文時代晩期の籃胎漆器の製作技術研究〜東北地方を中心として〜」『日本文化財科学会第 34 回大会研究発表要旨集』pp.162-163

片山一道　1990「古人骨は語る―骨考古学ことはじめ」『同朋舎出版』東京

川口市教育委員会　1989『赤山　一般国道 298 号（東京外かく環状道路）新設工事に伴う埋蔵文化財発掘調査報告書　本文編・第一分冊』

金子浩昌　1992「日本考古学における動物遺体研究史 ―動物との関わりにみる日本列島の文化の形成―」『国立歴史民俗博物館研究報告』42、pp.47-276

金子浩昌・和田　哲　1958「館山鉈切洞窟の考古学的調査」早稲田大学考古学研究室

金子裕之　1979「茨城県広畑貝塚出土の後・晩期縄文式土器」『考古学雑誌』65―1、pp.17-71

金箱文夫　1990「川口市赤山陣屋跡遺跡西側低湿地における縄文時代後・晩期の経済活動復元にむけて」『考古学ジャーナル』325、pp.24-34

金箱文夫　1996「埼玉県赤山陣屋跡遺跡」『季刊考古学』55、pp.66-71

鎌木義昌・東村武信・藁科哲男・三宅　寛　1984「黒曜石, サヌカイト製石器の産地推定による古文化交流の研究」『古文化財の自然科学的研究』古文化財編集委員会、pp.333-359

上守秀明　1986「遺構内堆積貝塚のもつ意味について―有吉北貝塚の一事例の場合―」『研究連絡誌』15・16、pp.1-6

北備後台地団体研究グループ　1969「鍾乳洞の形成期について」『地質学雑誌』75―5、pp.281-287、日本地質学会

清野謙次　1969「日本貝塚の研究」岩波書店、東京

清野謙次・金高勘次　1929「三河国吉胡貝塚人の抜歯及び歯牙変形の風習に就て」『史前学雑誌』1―3、pp.43-68

日下宗一郎・佐宗亜衣子・米田　穣　2015「縄文時代の國府・伊川津遺跡から出土した人骨の放射性炭素年代測定と炭素・窒素安定同位体分析」『Anthrop. Sci.（Japanese Series）』123、pp.31-40

日下宗一郎・藤澤珠織・矢野健一　2020「本州内陸部の宮崎遺跡から出土した成人骨と乳児骨の多元素安定同位体分析」『文化財科学』81、pp.49-58

櫛原巧一　1994「縄文中期の環状集落と住居形態」『山梨考古学論集　Ⅲ』、山梨県考古学

協会

櫛原巧一　2009「竪穴住居の型式（中期）」小杉康・谷口康浩・西田泰民・水ノ江和同・矢野健一 編『生活空間　集落と遺跡群』縄文時代の考古学8、同成社

工藤雄一郎　2012『旧石器・縄文時代の環境文化史』新泉社

工藤雄一郎・国立歴史民俗博物館 編　2014『ここまでわかった！縄文時代の植物利用』新泉社

工藤雄一郎・国立歴史民俗博物館 編　2017『さらにわかった！縄文人の植物利用』新泉社

熊谷常正　2013『南部北上高地における粘板岩系石器の研究』平成22～24年度科学研究費補助金（基盤研究（C））研究成果報告書

栗島義明　1997「洞窟遺跡と開地遺跡の関係」『洞穴遺跡の諸問題』（第2回）、pp.24-31、千葉大学

栗島義明　2006「木製浅鉢の製作に関する覚書」『埼玉の考古学Ⅱ』pp.209-230

栗島義明　2007「浅鉢製作と木製品の管理貯蔵―荒屋敷遺跡に見る危機回避システムとしての木製品貯蔵形態―」『環境史と人類』1、pp.39-62

栗島義明　2010「ヒスイとコハク～翠（みどり）と紅（あか）が織りなす社会関係～」『移動と流通の縄文社会史』雄山閣、 pp.91-106

栗島義明　2012「木組遺構とは何か―木組遺構はアク抜き施設なのか―」『縄文時代の資源利用』pp.127-137

栗島義明　2015「「木組遺構」再考―縄文時代にアク抜き施設は存在するのか―」『考古学研究』62―1、pp.26-43

栗島義明　2019a「太珠の佩用とその社会的意義を探る」『身を飾る縄文人　副葬品からみた縄文社会』先史文化研究の新展開2、雄山閣

栗島義明　2019b「赤山陣屋跡遺跡の木組遺構を考える」『「トチの実加工場」は存在したのか？』pp.51-63

栗島義明　2019c「縄文時代の木製容器とその製作技術」『埼玉考古』54

栗島義明　2019d「縄文時代の木製容器とその製作技術」『埼玉考古』54、pp.31-53

栗島義明　2020「オオツタノハ製貝輪を巡る諸問題」『考古学集刊』16、pp.47-66

栗島義明　2007「秩父のトチ餅作り（Ⅰ）」 埼玉県立川の博物館『紀要』7、pp.1-36

栗島義明　2008「秩父のトチ餅作り（Ⅱ）」 埼玉県立川の博物館『紀要』8、pp.1-29

黒尾和久　2011「小規模集落の普遍性」『季刊考古学』114、雄山閣、pp.83-86

小池裕子　1983「貝類分析」『縄文文化の研究2　生業』雄山閣、pp.221-237

小池裕子・大泰司紀之　1984「遺跡出土ニホンシカの齢構成からみた狩猟圧の時代変化」『古文化財の自然科学的研究』同朋舎、pp.508-517

小池裕子・林　良博　1984「遺跡出土ニホンイノシシの齢査定について」『古文化財の自然科学的研究』同朋舎、pp.519-524

國分直一・三島　格　1965「ヤブチ式土器―琉球と奄美大島における文化交流の一証跡―」『水産大学校研究報告人文科学編』10、水産大学校

後藤信祐　1987「縄文後晩期の刀剣形石製品の研究（上・下）」『考古学研究』33―3・4、pp.31-60・28-48

後藤和民 1973「縄文時代における東京湾沿岸の貝塚文化について」『房総地方史の研究』雄山閣出版

後藤和民 1974「社会と集落」『千葉市 原始古代中世篇』千葉市

小金井良精 1919「日本石器時代人の歯牙を変形する風習に就て」『人類学雑誌』34、pp.349-368

小林謙一 2008「AMS¹⁴C年代測定を利用した竪穴住居跡研究」小林謙一・セツルメント研究会 編『縄文研究の新地平（続）～竪穴住居・集落調査のリサーチデザイン～』考古学リーダー15、六一書房

小林謙一 2009「¹⁴C年代測定を利用した縄紋中期竪穴住居の実態の把握」『国立歴史民俗博物館研究報告 第149集 縄文・弥生集落遺跡の集成的研究』

小林謙一・大野尚子 1999「目黒区大橋遺跡における一時的集落景観の復元」『セツルメント研究』1、セツルメント研究会、pp.1-71

小林行雄 1967「原始のこころと造形」小林行雄, 池田弥三郎, 角川源義 編『日本文学の歴史1 神と神を祭る者』角川書店、pp.42-67

小林達雄 1973「多摩ニュータウンの先住者―主として縄文時代のセツルメント・システムについて―」『月刊 文化財』112、pp.20-26

小林達雄 1997「ヒトと洞穴」『洞穴遺跡の諸問題』（第2回）、千葉大学、p.5

小宮 孟 2015『考古学研究調査ハンドブック⑤ 貝塚調査と動物考古学』同成社

小宮 孟・鈴木公雄 1977「貝塚産魚類の体長組成復元における標本採集法の影響について」『第四紀研究』16—2、pp.71-75

小山修三 1984『縄文時代 コンピュータ考古学による復元』中央公論社

小山修三 編 1992『狩猟と漁労 日本文化の源流をさぐる』雄山閣

小山修三・松山利夫・秋道智彌・藤野淑子・杉田繁治 1982「『斐太後風土記』による食糧資源の計量的研究」『国立民族学博物館研究報告』6、pp.363-596

近藤 修 2008「人骨形質から見た集団差」『縄文時代の考古学10 人と社会 人骨情報と社会組織』同成社、pp.27-35

サーリンズ, M. 1984『石器時代の経済学』法政大学出版局

さいたま市遺跡調査会 2017『南鴻沼遺跡（第3分冊）』

酒井宗孝 2009「居住システムの変化―東北地方前・中期」小杉康・谷口康浩・西田泰民・水ノ江和同・矢野健一 編『生活空間 集落と遺跡群』縄文時代の考古学8、同成社

更科源蔵・更科 光 1976『コタン生物記2野獣・海獣・魚族篇』法政大学出版局

考古学』155、pp.75-79

斉藤慶吏 2012「貝塚出土獣骨からみた円筒土器文化圏内における狩猟活動の地域性」『博古研究』44、pp.13-23

斉藤慶吏 2016「津軽海峡圏の骨角器―円筒土器文化期の骨角器製作技術基盤を中心に―」『一般社団法人日本考古学協会2016年度弘前大会 第Ⅰ分科会 津軽海峡圏の縄文文化研究報告資料集』pp.153-166

埼玉県教育委員会 1984『寿能泥炭層遺跡発掘調査報告書―人工遺物・総括篇―』

埼玉県立民俗文化財センター 1996『木工』民俗工芸収蔵資料解説目録Ⅱ

（財）埼玉県埋蔵文化財調査事業団　1988『姥原遺跡』埼玉県埋蔵文化財調査事業団報告書72

佐賀市教育委員会 編　2009『東名遺跡群Ⅱ—東名遺跡2次・久富二本杉遺跡—　第5分冊　東名遺跡2次・遺物編2』佐賀市教育委員会

佐賀市教育委員会 編　2016『佐賀市埋蔵文化財調査報告書100：東名遺跡群Ⅳ』佐賀市教育委員会

佐賀市教育委員会 編　2017『縄文の奇跡！東名遺跡』雄山閣

酒詰仲男　1959『日本貝塚地名表』土曜会

酒詰仲男　1961『日本縄文石器時代食料総説』土曜会

佐々木高明　1992「はじめに」小山修三 編『狩猟と漁労　日本文化の源流をさぐる』pp.i-iv、雄山閣

佐々木由香　2014「縄文人の植物利用—新しい研究法からみえてきたこと—」工藤雄一郎・国立歴史民俗博物館 編『ここまでわかった！縄文時代の植物利用』新泉社、pp.26-45

佐々木由香　2015「縄文・弥生時代の編組製品製作技法の特徴と時代差」あみもの研究会 編『縄文・弥生時代の編組製品研究の新展開要旨集』あみもの研究会、pp.27-34

佐々木由香　2018「縄文・弥生時代の編組製品の素材植物」『季刊考古学』145、pp.44-47

佐々木由香・小林和貴・鈴木三男・能城修一　2014「下宅部遺跡の編組製品および素材束の素材からみた縄文時代の植物利用」『国立歴史民俗博物館研究報告第187集』pp.323-346

佐藤良二　2007「サヌカイト」『季刊考古学』99、雄山閣

佐藤良二　2019『シリーズ「遺跡を学ぶ」136　サヌカイトに魅せられた旧石器人—二上山北麓遺跡群』新泉社

佐藤良二・絹川一徳「近畿地方」『講座日本の考古学1 旧石器時代（上）』青木書店、pp.505-543

佐藤良二ほか 編　2004『香芝市文化財調査報告5：鶴峯荘第1地点遺跡—二上山北麓におけるサヌカイト採掘址の調査』香芝市二上山博物館

坂口　隆　2003『縄文時代貯蔵穴の研究』株式会社アム・プロモーション

設楽博己　2008「縄文人の動物観」西本豊弘 編『人と動物の日本史1 動物の考古学』pp.10-34、吉川弘文館

柴田常恵　1918「越中國氷見郡宇波村大境の白山社洞窟」『人類學雑誌』33—7、pp.179-192、東京人類學會

白石浩之　2014「日本における洞穴遺跡の研究」『愛知学院大学文学部紀要』44、pp.1-25、愛知学院大学文学会

自由学園遺跡調査団　2005『自由学園南遺跡　Ⅳ・Ⅴ』学校法人 自由学園

下宅部遺跡調査団　2006　『下宅部遺跡Ⅰ』東村山市遺跡調査会

鈴木公雄　1969「安行系粗製土器における文様施文の順位と工程数」『信濃』21—4、pp.1-16

鈴木公雄ほか　1981『伊皿子貝塚遺跡』港区教育委員会

鈴木三男・能城修一・小林和貴・工藤雄一郎・鯵本眞由美・網谷克彦　2012「鳥浜貝塚か

ら出土したウルシ材の年代」『植生史研究』21、pp.67-71

鈴木　尚　1939「人工的歯牙の変形」『人類学・先史学講座』12、pp.1-51

鈴木正男　1977「ストーンロードをたどる―黒曜石の運搬・交易の時空的分析―」数理科学

鈴木素行　2005「彼岸の石棒―道南地方の周堤墓と関東地方の集落跡に見る完形の石棒―」『地域と文化の考古学』Ⅰ、六一書房、pp.637-652

鈴木素行　2007a「石棒」『縄文時代の考古学』11、同成社、pp.78-95

鈴木素行　2007b・2008・2009「樹立される石棒（上・中・下）―石棒研究史を学ぶ（中編）―」『茨城県考古学協会誌』19・20・21、pp.23-53・15-4・55-91

鈴木素行　2012「大形石棒が埋まるまで―事例研究による「石棒」（鈴木2007）の改訂―」『縄文人の石神』考古学リーダー20、六一書房、pp.108-134

鈴木素行　2015「緑泥片岩の石剣―関東地方西部における石剣の成立と展開―」『考古学集刊』11、pp.37-57

鈴木素行　2019a「男根状石製品について」『君ヶ台遺跡（第7次）松原遺跡（第4次）相対古墳群（第2次）東原遺跡（第3・4次）』ひたちなか市埋蔵文化財調査センター、pp.37-42

鈴木素行　2019b「石棒から再葬墓へ：2006年」『別冊季刊考古学』29、pp.21-30

鈴木素行　2019c「大型石棒のヘソ」『季刊考古学』148、pp.54-58

鈴木素行 編　2005『本覚遺跡の研究―関東地方東部における縄文時代晩期の石棒製作について―』（私家版）

鈴木忠司　1983「住居とピット」『季刊考古学』4、pp.37-42

須藤　隆・富岡直人　1990「縄文時代生業の論点と課題」『争点日本の歴史1』新人物往来社、pp.124-140

瀬口眞司　2009「居住システムの変化―琵琶湖周辺地域」小杉　康・谷口康浩・西田泰民・水ノ江和同・矢野健一 編『生活空間　集落と遺跡群』縄文時代の考古学8、同成社

田島町教育委員会　1976『奥会津地方の山村生活用具』

橘　礼吉　1986「白山麓の焼畑地域における堅果類の食物利用」『紀要2』石川県立歴史博物館、pp.2-26

田中　磨・佐原　誠 編　2002『日本考古学辞典』三省堂

田中良之　1998「出自表示論批判」『日本考古学』5、pp.1-18

田中良之・土肥直美　1988「第3節　出土人骨の親族関係の推定」『伊川津遺跡［本文編］渥美町埋蔵文化財調査報告書』4、pp.421-425

谷口康浩　1998「縄文時代早期撚糸文期における集落の類型と安定性」『考古学ジャーナル』429、ニュー・サイエンス社、pp.9-14

谷口康浩　2005『環状集落と縄文社会構造』学生社

谷口康浩　2017「環状集落に見る社会複雑化」山田康弘・国立歴史民俗博物館 編『縄文時代　その枠組み・文化・社会をどう捉えるか？』吉川弘文館

谷口康浩ほか　2019「縄文時代早期の洞窟・岩陰葬」『國史學』229、國史學會、pp.1-38

田部剛士　2003『粟生間谷遺跡―旧石器・縄紋時代編』(財) 大阪府文化財センター、pp.321-332

千葉大学文学部考古学研究室　2006『千葉県館山市沖ノ島遺跡第2・3次発掘調査概報』

千葉大学文学部考古学研究室

塚本師也　2016「貯蔵穴の増加と集落の形成」小林謙一・黒尾和久・中山真治・山本典幸
　　編『考古学の地平Ⅰ―縄文社会を集落から読み解く―』六一書房

辻本裕也　2016「福井洞窟の地層の堆積環境と環境変遷」『史跡福井洞窟発掘調査報告書』
　　佐世保市教育委員会、pp.342-347

(財) 栃木県文化振興事業団　1998『寺野東遺跡Ⅳ』(財)

樋泉岳二　1995「能満上小貝塚出土ハマグリの採取季節と成長速度」『千葉県市原市能満
　　上小貝塚』財団法人市原市文化財センター調査報告書55、pp.484-501

樋泉岳二　1999「ハマグリ資源に対する捕獲圧」『貝層の研究Ⅰ』千葉市加曽利貝塚博物
　　館

樋泉岳二　2006「魚貝類遺体群からみた三内丸山遺跡における水産資源利用とその古生態
　　学的特徴」『植生史研究』特別2、pp.121-138

樋泉岳二・西野雅人　1999「縄文後期の都川・村田川流域貝塚群」『研究紀要19』千葉県
　　文化財センター

同志社大学旧石器文化談話会 編　1974『ふたがみ―二上山北麓石器時代遺跡群分布調査
　　報告―』学生社

徳永園子　1996「縄文時代における貝類採集活動の季節の多様性と貝塚の衰退」『動物考
　　古学』7、pp.15-36

富岡直人　2003「貝殻成長線分析」『環境考古学マニュアル』同成社、pp.237-250

富岡直人　1999『遺存体データベースからみた縄文・弥生時代生業構造の変化　平成8～
　　10年度科学研究費補助金（基礎研究C2）研究成果報告書』

中川重年　1988『木ごころを知る』はる書房

直良信夫　1938「史前日本人の食糧文化 (1)(2)(3)」『人類学・先史学講座』1・2・3、
　　雄山閣、pp.1-63,63-96,93-133

長田友也　2013「石棒の型式学的検討」『縄文時代』24、pp.33-57

奈良県立橿原考古学研究所 編　1979『二上山・桜ヶ丘遺跡―第1地点の発掘調査報告―』
　　奈良県教育委員会

新潟市埋蔵文化財センター　2021「平遺跡」『新潟市遺跡発掘調査速報会2020』

新美倫子　1991「愛知県伊川津遺跡出土ニホンイノシシの年齢及び死亡時期査定について」
　　『国立歴史民俗博物館研究報告』29、pp.123-148

新美倫子・西本豊弘 編　2010『事典　人と動物の考古学』吉川弘文館

新村典康・宮腰哲雄・小野寺潤・樋口哲夫　1995「熱分解GC-MSによる漆膜の分析」『日
　　本化学会誌』9、pp.724-729

西本豊弘　1991「縄文時代のシカ・イノシシ狩猟」『古代』91、pp.114-132

西本豊弘　2005「縄文人の食生態」『現代の考古学2　食料獲得社会の考古学』朝倉書店
　　pp.142-149

西本豊弘　2013『取掛西貝塚（5）IC』船橋市教育委員会

西本豊弘・松井 章 編　1999『考古学と自然科学②　考古学と動物学』同成社

西本豊弘・斉藤慶吏　2017「動物遺体の同定」『川原平 (1) 遺跡Ⅷ　第1分冊　自然科学
　　分析』青森県埋蔵文化財調査報告書580、pp.206-217

西村正衛・金子浩昌　1956「千葉縣香取郡大倉南貝塚」『古代』21・22、pp.1 - 47

西田正規　1980「縄文時代の食料資源と生業活動―鳥浜貝塚の自然遺物を中心として」
　　『季刊人類学』11（3）、pp.3 - 41

西田正規　1980「縄文時代の食料資源と生業活動―鳥浜貝塚の自然遺物を中心として―」
　　『季刊人類学』11 - 3、pp.3 - 56

西野雅人　1999「縄文中期の大型貝塚と生産活動―千葉市有吉北貝塚の分析結果―」『研
　　究紀要 19』

西野雅人　2019「貝塚の貝から社会が見える―都川・村田川流域の中期大型貝塚成立と消
　　滅―」『日本動物考古学会第 7 回大会プログラム・抄録集』

西山賢一　2016「福井洞窟の洞窟地形の形成過程」『史跡福井洞窟発掘調査報告書』佐世
　　保市教育委員会、pp.336 - 341

日本考古学協会 2011 年度栃木大会実行委員会　2011「シンポジウム I 石器時代における
　　石材利用の地域相―黒曜石を中心として―」『一般社団法人日本考古学協会 2011 年度
　　栃木大会研究発表資料集』

日本考古学協会 2013 年度長野大会実行委員会　2013「分科会 I 信州黒曜石原産地とその
　　利用」『一般社団法人日本考古学協会 2013 年度長野大会研究発表資料集 文化の十字路
　　信州』

日本考古学協会洞穴遺跡調査特別委員会　1967『日本の洞穴遺跡』平凡社

日本第四紀学会 50 周年電子出版編集委員会　2013『デジタルブック最新第四紀学』（第 2
　　刷）日本第四紀学会

能城修一　2018「植物考古学の深化と植物利用研究」『季刊考古学』145、pp.40 - 45

橋本真紀夫・矢作健二　2009「岩陰の形成過程と遺跡の堆積環境」『国立歴史民俗博物館
　　研究報告』154、pp.407 - 411、国立歴史民俗博物館研究

長谷部言人　1919「石器時代人の抜歯に就て」『人類学雑誌』34、pp.385 - 391

春成秀爾　1973「抜歯の意義（1）」『考古学研究』20、pp.25 - 48

春成秀爾　1974「抜歯の意義（2）」『考古学研究』20、pp.41 - 58

春成秀爾　1979「縄文晩期の婚後居住規定」『岡山大学法学部学術紀要』40、pp.25 - 63

春成秀爾　1989「叉状研歯」『国立歴史民俗博物館研究報告』21、pp.87 - 137

春成秀爾　2013「腰飾り・抜歯と氏族・双分組織」『国立歴史民俗博物館研究報告』175、
　　pp.77 - 128

林　謙作　1970「宮城県浅部貝塚出土のシカ・イノシシ遺体」『物質文化』15、pp.1 - 11

林　謙作　1971「宮城県浅部貝塚出土の動物遺体の分析と考察」『物質文化』17、pp.7 - 21

林　謙作　1980「貝ノ花貝塚のシカ・イノシシ遺体」『北方文化研究』13、pp.75 - 134

東久留米市教育委員会　1997『小山台遺跡 II』

東村山市遺跡調査会　2006『下宅部遺跡 I（2）』

平井義敏・池谷信之　2021「東海地方西部における神津島産両面体石器群」『東海石器研
　　究』11、pp.109 - 119

樋口清之　1931「大和二上石器製造遺蹟研究」『上代文化』4・5 合併号

福井県教育委員会　1979『鳥浜貝塚―縄文前期を主とする低湿地遺跡の調査 I』

福井県教育委員会　1987『鳥浜貝塚― 1980 ～ 1985 年度のまとめ』

福嶋　司 編　2017『図説日本の植生、第 2 版』朝倉書店

藤山龍造　2009『環境変化と縄文社会の幕開け』雄山閣

藤山龍造　2010「先史人類の移動形態と洞穴居住」『移動と流通の縄文社会史』雄山閣、pp.207‐231

古谷　渉　2004「安行式粗製土器編年試論Ⅱ―紐線文系及び条線文系土器群における口縁部製作技法の成立と展開―」『縄文時代』15、pp.165‐192

ベゴン, マイケル・タウンゼンド, コリン　2013『生態学－個体から生態系へ』京都大学学術出版会

保坂康夫・金井拓人・池谷信之・十菱駿武　2021「縄文時代早期の黒曜石・水晶の利用状況―山梨市奥豊原遺跡の原産地分析を中心に―」『山梨県考古学協会誌』28、pp.1‐16

巻町教育委員会　2003『御井戸遺跡』新潟県巻町教育委員会

松井　章　2008『動物考古学』京都大学学術出版会

松井　章 編 2003『環境考古学マニュアル』同成社

松井　章・山崎　健　2010「DNA 分析の行方」『縄文時代の考古学 12　研究の行方』同成社、pp.113‐124

松井　章・水沢教子・金原美奈子・金原裕美子　2011「遺構土壌の水洗選別法による屋代遺跡群の縄文中期集落における生業活動の再検討」『長野県立歴史館研究紀要』17、pp. 37‐53

松村博文　2000「瀬戸内、東海および関東地方の縄文人の歯牙計測値における時期間、遺跡間および個体間変異」国立科学博物館専報 32、pp.175‐187

松谷暁子　1983「エゴマ・シソ」『縄文文化の研究 2 生業』

松島義章　1984「日本列島における後氷期の浅海性貝類群集―特に環境変遷に伴うその時間・空間的変遷―」『神奈川県立博物館研究報告（自然科学）』15、pp. 37‐109

松藤和人　2007「瀬戸内技法」『三訂版旧石器考古学辞典』学生社、p.109

丸山真史　2022「人と動物の関係史」『季刊考古学』158、pp.97‐102

三島町文化財専門委員会 1990『荒屋敷遺跡Ⅱ』三島町文化財調査報告書 10

南川雅男　2001「炭素・窒素同位体分析により復元した先史日本人の食生態」『国立歴史民俗博物館研究報告』96、pp.333‐357

宮内慶介　2006「安行 2 式・安行 3a 式の成り立ちと地域性に関する一視点」『駿台史学』127、pp.71‐94

宮本博人　1925「津雲貝塚人の抜歯風習に就て」『人類学雑誌』40、pp.167‐181

村田六郎太　1999「縄文時代の生業復原に関する二・三の試み」『古代文化』51‐7、pp.50‐57

明治大学古文化財研究所　2011『蛍光 X 線分析装置による黒曜石製遺物の原産地推定―基礎データ集〈2〉―』『環境史と人類』別冊

毛利俊雄・奥千奈美　1998「西日本縄文晩期抜歯形式のもつ意味―頭蓋非計測特徴による春成仮説の検討―」『考古学研究』45、pp.91‐101

望月明彦・池谷信之　2001「葛原沢第Ⅳ遺跡出土草創期土器の黒曜石原産地推定」『葛原沢第Ⅳ遺跡（a・b 区）発掘調査報告書 1』沼津市文化財調査報告書 77、pp.318‐322

望月明彦・池谷信之・小林克次・武藤由里　1994「遺跡内における黒曜石製石器の原産地

　　別分布について―沼津市土手上遺跡 BBV 層の原産地推定から―」静岡県考古学研究 26、pp.1‑24

山崎　健　2012「動物遺存体の形成過程をめぐる民族考古学と実験考古学―モンゴルにおける動物資源利用を事例として―」『動物考古学』29、pp.19‑44

山崎　健　2013「生業研究としての焼骨の可能性―新潟県域を事例として―」『動物考古学』30、pp.49‑65

山崎京美　1998『遺跡出土の動物遺存体に関する基礎的研究　平成 7 〜 9 年度科学研究費補助金（基礎研究 C2）研究成果報告書』

山田康弘　2018「共同研究の経過と概要」『国立歴史民俗博物館研究報告　第 208 集　先史時代における社会複雑化・地域多様化の研究』

山田康弘　2020「人骨と葬墓祭制からみる社会　Bio‑Archaeology による縄文社会・精神文化の復元」『季刊考古学別冊』31、pp.31‑43

山田康弘・日下宗一郎・米田　穣　2019「熊本県轟貝塚出土人骨の年代」『熊本大学先史学・考古学論究』Ⅶ、pp.13‑19

山田康弘・日下宗一郎・米田　穣　2020「出土人骨の年代測定値に基づく津雲貝塚人の社会の再検討」『笠岡市埋蔵文化財発掘調査報告 6　津雲貝塚総合調査報告書』pp.411‑429

山内清男　1934「土器型式の細別」『石冠』2―4

山内清男　1937「縄紋土器型式の細別と大別」『先史考古学』1―1

山内清男　1939『日本遠古之文化（補注付・新版）』先史考古学会

山内清男　1964「縄紋式土器・総論」『日本原始美術 第 1 巻 縄紋式土器』講談社

山内清男　1967「洞穴遺跡の年代」『日本の洞穴遺跡』平凡社、pp.374‑381

山内利秋　1995「洞穴遺跡の利用形態と機能的変遷」『先史考古学論集』4、pp.63‑98

八ヶ岳団体研究グループ　1978「ノッチの形成について」『第四紀』21、pp.63‑68、第四紀総合研究会

八木奘三郎・下村三四吉　1893「常陸椎塚介墟發堀報告」『東京人類学会雑誌』8―87、pp.336‑389

八木奘三郎・下村三四吉　1894「下總國香取郡阿玉臺貝塚探究報告」『東京人類学会雑誌』9―7、pp.254‑285

八幡一郎　1928「最近発見された貝輪入蓋付土器」『人類学雑誌』43―8、pp357‑366

八幡一郎　1967「古代人の洞穴利用に関する研究」『日本の洞穴遺跡』平凡社、pp.357‑373

矢野健一　2001「西日本の縄文集落」『立命館大学考古学論集Ⅱ』立命館大学考古学論集刊行会、pp.1‑18

矢野文明　1992「安行式紐線紋土器の口縁部技法について―特に中妻技法を中心として―」『埼玉考古』第 30 号、pp.83‑92

矢作健二　2012「愛媛県上黒岩遺跡における生活空間について」『国立歴史民俗博物館研究報告』172、pp.155‑169、国立歴史民俗博物館

安田喜憲・三好教夫 編　1998『図説　日本列島植生史』朝倉書店、p.298

喜田貞吉・杉山寿栄男『日本石器時代植物性遺物図録』

吉岡卓真　2020「加曽利 B1 式土器の文様構成と器種間関係の変遷」『考古学集刊』16、pp.87‑105

吉岡邦二　1973『植物地理学』共立出版

吉田邦夫　2015「贋作を見抜く最新技術」α-Synodos 180、株式会社シノドス、pp.69 - 124

吉田邦夫 編　2012『アルケオメトリア―考古遺物と美術工芸品を科学の眼で透かし見る―』東京大学総合研究博物館、p.288

吉田邦夫・宮崎ゆみ子・磯野正明　2001「真贋を科学する 年代物―ほんとうはいつ頃のもの？」西野嘉章 編『真贋のはざま　デュシャンから遺伝子まで』東京大学総合研究博物館、pp.77 - 98

吉田邦夫・佐藤正教・中井俊一　2021「ストロンチウム同位体分析による漆の産地同定」『国立歴史民俗博物館研究報告』第 225 集［共同研究］学際的研究による漆文化史の新構築、pp.99 - 138

米田　穣　2012「縄文時代における環境と食生態の関係―円筒土器文化圏とブラキストン線―」『季刊考古学』118、pp.91 - 95

米田　穣　2014「炭素・窒素同位体でみた縄文時代の食料資源利用：京葉地区における中期から後期への変遷」『季刊考古学・別冊』21、pp.162 - 169

米田　穣　2014「炭素・窒素安定同位体比分析」『小竹貝塚発掘調査報告　北陸新幹線建設に伴う埋蔵文化財発掘報告Ⅹ　第三分冊　人骨分析編』財団法人富山県文化振興財団埋蔵文化財調査事務所、pp.16 - 23

米田　穣　2019 「関東平野における縄文時代中期・後期の食生活と社会の変化」阿部芳郎 編『縄文文化の繁栄と衰退』雄山閣、pp.91 - 110

米田　穣　2020「人骨の分析から先史時代の個人と社会にせまる」『季刊考古学別冊』31、pp.44 - 68

米田　穣・阿部芳郎　2021「土器付着炭化物の同位体分析で探る土器の使い分け」『季刊

米田穣・大森貴之・尾嵜大真 2021「取掛西（5）出土人骨の放射性炭素年代測定と炭素・窒素同位体分析」『取掛西貝塚（5）Ⅱ』船橋市教育委員会、pp.238 - 241

米田　穣・奈良貴史　2015「アイヌ文化における食生態の多様性：勝山館跡・お浪沢遺跡出土人骨の同位体分析」『季刊考古学』133、pp.86 - 87

米田　穣・菊地有希子・那須浩郎・山﨑孔平　2019「同位体分析による弥生時代の水稲利用の評価にむけて：同位体生態学的な背景と実験水田における基礎研究」設楽博己 編『農耕文化複合形成の考古学（下）―農耕のもたらしたもの―』雄山閣、pp.209 - 230

和田稜三　2007「Ⅱトチノミ食文化」『トチノキの自然史とトチノミの食文化』（株）日本林業調査会

綿田弘実　2010「中部山岳洞窟遺跡の縄文土器」『縄文時代』21、縄文時代文化研究会、pp.97 - 120

渡辺　新　2015a「「人骨集積」―東京湾東岸域における後期前半の事例―」『季刊考古学』130、雄山閣、pp.61 - 64

渡辺　新　2015b「SK13 土坑「人骨集積」の調査」斎藤　洋 編『松戸市牧之内遺跡第 1―7 地点発掘調査報告書』(株) 地域文化財研究所、pp.156 - 207・211 - 230

渡辺　新 2016「「人骨集積」研究の視点Ⅰ―船橋・古作貝塚事例の検討から―」『千葉縄文研究』6、千葉縄文研究会、pp.63 - 76

渡辺　新　2020「「人骨集積」研究の視点Ⅱ―松戸・牧之内遺跡の調査から―」『千葉縄文

　研究』10、千葉縄文研究会、pp.45‑86

渡辺　仁　1990『縄文式階層化社会』六興出版

渡辺　仁　1952「沙流アイヌにおける天然資源の利用」『民族学研究』16、pp.71‑82

渡辺　誠　1966「縄文文化における抜歯風習の研究」『古代学』12、pp.173‑201

渡辺　誠　1973『縄文時代の漁業』雄山閣

渡辺　誠　1975『縄文時代の植物食』雄山閣

渡辺　誠　1981「トチのコザワシ」『物質文化』36、pp.27‑41

渡辺丈彦　2013「日本列島旧石器時代における洞穴・岩陰利用の可能性について」『文化財学の新地平』吉川弘文館、pp.39‑60

渡邊笑子　2014「中里貝塚の形成過程と石器組成からみた武蔵野台地の生業構造」『ハマ貝塚と縄文社会』先史文化研究の新視点Ⅳ、雄山閣

Bahn, P. ed. 2004. "The New Penguin Dictionary of Archaeology" Penguin Books

Bowen, G.J., J.R. Ehleringer, L.A. Chesson, A.H. Tompsom, D.W. Podlesak, T.E. Cerling 2009. Dietary and physiological controls on the hydrogen and oxygen isotope ratios of hair from mid‑20th century indigenous populations. *American Journal of Physical Anthropology* 139, 494‑504

Bentley, R.A. 2006 Strontium isotopes from the earth to the archaeological skeleton: A review. *J. Archaeol. Meth. Theor.* 13, pp.135‑187

E.S.Morse 1879 Shell Mounds of Omori *Memoirs of the science department University of Tokio Japan.*

Goldberg P. et al. 2007 Stratigraphy and Geoarchaeological History of Kebara Cave, Mount Carmel, Kebara Cave, *Mt. Carmel, Israel* (*Part I*), pp.49‑89, Peabody Museum of Archaeology and Ethnology, Harvard University.

Goldberg P. et al. 2009 Bedding, Hearths, and Site Maintenance in the Middle Stone Age of Sibudu Cave, KwaZulu-Natal, South Africa, *Archaeological and Anthropological Sciences.* 1 pp.95‑122, Springer.

Kishinouye,K. 1911 Prehistoric Fishing in Japan *Journal of Agriculture Imperial University of Tokyo* vol.7

Koike,H. 1980 Seasonal Dating by Growth-line Counting of the Clam, *Meretrix Lusoria The University Museum The University of Tokyo Bulletin* No.18

Kusaka, S. 2019 Stable isotope analysis of human bone hydroxyapatite and collagen for the reconstruction of dietary patterns of hunter-gatherers from Jomon populations. *Int. J. Osteoarchaeol.* 29, pp.36‑47.

Kusaka, S., Ikarashi, T., Hyodo, F., Yumoto, T., Katayama, K. 2008 Variability in stable isotope ratios in two Late-Final Jomon communities in the Tokai coastal region and its relationship with sex and ritual tooth ablation. *Anthropol. Sci.* 116, pp.171‑181

Kusaka, S., Yamada, Y., Yoneda, M. 2018 Ecological and cultural shifts of hunter-gatherers of the Jomon period paralleled with environmental changes. *Amer. J. Phys. Anthropol.* 167, pp.377‑388

Minagawa, M., Akazawa, T. 1992 Dietary patterns of Japanese Jomon hunter-gatherers: stable nitrogen and carbon isotope analyses of human bones, in: Aikens, C.M., Rhee, S.N. (Eds.), *Pacific Northeast Asia in Prehistory: Research into the Emergence of Hunter-fisher-gatherers, Farmers and Socio-political Elites.* University Washington Press, Washington, pp. 59‑68

Moyes H. ed. 2012 *Sacred Darkness*, University Press of Colorado.

Nakano, T., Yamashita, K., Ando, A., Kusaka, S., Saitoh, Y. 2020 Geographic variation of Sr and S isotope ratios in bottled waters in Japan and sources of Sr and S. *Sci. Tot. Env.* 704, pp.135449

Nicosia C. and G. Stoops *eds.* 2017 *Archaeological Soil and Sediment Micromorphology*, Willy Blackwell.

Ooi, N. 2016 Vegetation history of Japan since the last glacial based on palynological data. *Japanese Journal of Historical Botany* 25: 1 - 101.

Piperno D.R. 2017. Assessing elements of an extended evolutionary synthesis for plant domestication and agricultural origin research. *PNAS* 114, 6429 - 6437

Price, T.D., Grupe, G., Schröter, P. 1994 Reconstruction of migration patterns in the Bell Beaker period by stable strontium isotope analysis. *Appl. Geochem.* 9, pp.413 - 417

Sahlins, M.D. 1972. "Stone Age Economics" Aldine-Atherton.

Smith, B. 2001. Low-food production. *Journal of Archaeological Research* 9, 1 - 43

Yoshida, K, Kunikita, D, Miyazaki, Y. and Matsuzaki, H.（2013）Dating and stable isotope analysis of charred residues on the Incipient Jomon pottery (Japan). *Radiocarbon,* 55, pp.1322 - 1333

Zeder, M. 2015. Core questions in domestication research. *PNAS* 112, 3191 - 3198

〈カバー写真〉
是川遺跡藍胎漆器：是川縄文館所蔵

〈口絵出典〉
新潟県堂ノ貝塚：佐渡市教育委員会提供
長野県北村遺跡：長野県埋蔵文化財センター所蔵
福島県荒屋敷遺跡：三島町教育委員会
後谷遺跡漆塗り竪櫛出土状況：千葉市立郷土博物館提供
デーノタメ遺跡漆器装飾部出土状況：北本市教育委員会提供
縦櫛全体写真（大木戸遺跡）：埼玉県教育委員会提供
福井県桑野遺跡装身具出土状態：福井県あわら市教育委員会提供
北海道礼文島船泊遺跡出土人骨：礼文町教育委員会蔵
佐賀県東名遺跡かご：佐賀市教育委員会提供
福岡県正福寺遺跡かご：久留米市教育委員会所蔵

〈Ⅰ-2「資源環境への適応」：第1・2表のデータ作成で用いた報告書〉
青森県教育委員会　2004『岩渡小谷（4）遺跡Ⅱ』
（公財）山形県埋蔵文化財センター　2014『押出遺跡』
（公財）富山県埋蔵文化財センター　2014『小竹貝塚』
玉川文化財研究所　2003『羽根尾貝塚』
福井県教育委員会　1979『鳥浜貝塚—縄文前期を主とする低湿地遺跡の調査Ⅰ』
福井県教育委員会　1987『鳥浜貝塚—1980～1985年度のまとめ』
桶川市教育委員会　2003『後谷遺跡　第4次・第5次調査報告書』
桶川市教育委員会　2007『後谷遺跡　第4次調査報告書』
（公財）埼玉県埋蔵文化財調査事業団　2018『大木戸遺跡Ⅲ』

執筆者一覧（50 音順）

石川 日出志（いしかわ ひでし） 1954 年生
明治大学文学部教授／明治大学黒耀石研究センター長
主要著作論文 『農耕社会の成立』岩波新書、2010、『「弥生時代」の発見 弥生町遺跡』新泉社、2008、『日本発掘』朝日新聞出版、2015（共著）、『考古資料大観 1（弥生・古墳時代土器 1）』小学館、2003（共著）

池谷 信之（いけや のぶゆき） 1959 年生
明治大学黒耀石研究センター 副センター長（特任教授）
主要著作論文 『愛鷹山麓の旧石器文化』敬文舎、2020（編著）、「旧石器時代の神津島産黒曜石と現生人類の海上渡航」『理論考古学の実践Ⅱ 実践編』同成社、2017、「世界最古の往復航海 後期旧石器時代初期に太平洋を越えて運ばれた神津島産黒耀石」『科学』87、岩波書店、2017

大竹 幸恵（おおたけ さちえ） 1959 年生
黒耀石体験ミュージアム学芸員
主要著作論文 「黒耀石の原産地を探る―鷹山遺跡群―」『遺跡を学ぶ』新泉社、2004

河西 学（かさい まなぶ） 1956 年生
山梨文化財研究所 地質研究室長／帝京大学文化財研究所 研究員
主要著作論文 「胎土分析からみた土器の産地と移動」『移動と流通の縄文社会史』雄山閣、2010、「縄文前期末〜中期土器胎土の肉眼観察による交通路復原への基礎的研究」『山梨考古学論集Ⅷ』2019、「土器胎土からみた縄文時代土器作りの移り変わり」『考古学と歴史学』中央大学出版部、2020

絹川 一徳（きぬかわ かずのり） 1963 年生
明治大学黒耀石研究センター客員研究員
（公財）かながわ考古学財団調査研究部調査課主査
主要著作論文 『講座 日本の考古学 1 旧石器時代（上）』（稲田孝司・佐藤宏之編）青木書店、2010（共著）、「近畿地方における瀬戸内技法の成立と展開」『大阪文化財研究所研究紀要』大阪文化財研究所、2013 、「後期旧石器時代」『新版八尾市史考古編Ⅱ』八尾市、2020

日下 宗一郎（くさか そういちろう） 1982 年生
東海大学人文学部講師
主要著作論文 『古人骨を測る―同位体人類学序説』京都大学学術出版会、2018、Kusaka S., Yamada Y., and Yoneda M.（2018）Ecological and cultural shifts of hunter-gatherers of the Jomon period paralleled with environmental changes. Am. J. Phys. Anthropol., 167: 377–388.

斉藤 慶吏（さいとう やすし）1976 年生
文化庁文化財第二課 埋蔵文化財部門 文化財調査官
主要著作論文 「貝塚出土獣骨からみた円筒土器文化圏内における狩猟活動の地域性」『博古研究』44、博古研究会、2012、「第 6 鉄塔地区から出土した骨角器の製作残滓と出土獣骨の部位別組成」『特別史跡三内丸山遺跡　年報』16、青森県教育委員会、2013

佐々木 由香（ささき ゆか）　1974 年生
金沢大学特任准教授／明治大学研究・知財戦略機構客員研究員
主要著作論文 「植物資源の開発」『季刊考古学』132、雄山閣、2015、「縄文・弥生時代の編組製品の素材植物」『季刊考古学』145、雄山閣、2018、「植物資源利用からみた縄文文化の多様性」『季刊考古学別冊』31、雄山閣、2020

鈴木 素行（すずき もとゆき）　1958 年生
常陸大宮市教育委員会
主要著作論文 「「屋内土壙墓」からの眺望」『地域と文化の考古学』Ⅱ、六一書房、2008、『泉坂下遺跡の研究―人面付土器を伴う弥生時代中期の再葬墓群について―』（私家版）2011、「ムカシオオホホジロザメの考古学」『筑波大学先史学・考古学研究』29、2018

樋泉 岳二（といずみ たけじ）　1961 年生
明治大学兼任講師／早稲田大学非常勤講師
主要著作論文 「動物資源利用からみた縄文後期における東京湾東岸の地域社会」『動物考古学』30、動物考古学研究会、2013、「漁撈の対象」『講座日本の考古学 4　縄文時代（下）』青木書店、2014、「海洋資源の利用と縄文文化―縄文後期東京湾岸・印旛沼周辺貝塚の魚貝類利用にみる資源認識の多様性―」『別冊季刊考古学』21、雄山閣、2014

奈良 忠寿（なら ただよし）　1975 年生
自由学園准教授
主要著作論文「武蔵野台地の地域社会―集落の分布と消長から―」『ハマ貝塚と縄文社会』雄山閣、2014、「加曽利Ｅ式土器の大きさと集落での活動の関連性に関する試論―武蔵野台地　黒目川流域を中心として―」『生活大学研究』5―1 、自由学園最高学部 、2020

西野 雅人（にしの まさと）　1962 年生
千葉市埋蔵文化財調査センター所長
主要著作論文　『研究紀要 19―貝塚出土資料の分析―』千葉県文化財センター、1999、「縄文時代の通年定住型集落を支えた食」『研究紀要 24』千葉県文化財センター、2005、「東京湾沿岸の大型貝塚を支えた生産居住様式」『地域と文化の考古学Ⅰ』明治大学文学部考古学研究室、2005

能城 修一（のしろ しゅういち）　1956 年生
明治大学黒耀石研究センター客員教授
主要著作論文　「鳥浜貝塚から見えてきた縄文時代の前半期の植物利用」『さらにわかった！縄文時代の植物利用』新泉社、2017、「縄文人は森をどのように利用したのか」『ここまでわかった！縄文人の植物利用』新泉社、2014、「遺跡出土植物遺体からみた縄文時代の森林資源利用」『国立歴史民俗博物館研究報告187』2014

藤山 龍造（ふじやま りゅうぞう）　1977 年生
明治大学文学部教授
主要著作論文　「砥石から読み解く骨角器生産―栃原岩陰遺跡を中心に―」『古代文化』66―1、古代学協会、2014、「表裏縄文土器群の変遷観―栃原岩陰遺跡の再評価を通じて―」『古代文化』71―3、古代学協会、2019、「文様構成と成形技術の連動性―押圧縄文土器群の事例分析を通じて―」『考古学集刊』16、明治大学文学部考古学研究室、2020、「狩猟採集社会における土器の出現」『季刊考古学』155、雄山閣、2021

宮内 慶介（みやうちけいすけ）　1979 年生

飯能市教育委員会

主要著作論文　「安行 2 式・安行 3a 式の成り立ちと地域性に関する一視点」『駿台考古学』127、駿台史学会 2006、「関東地方縄文時代後・晩期の集落と木組遺構」『別冊季刊考古学』21、雄山閣 2014、「内陸地域における縄文時代晩期製塩土器の研究視点―飯能市加能里遺跡・中橋場遺跡出土製塩土器の産地推定から―」『埼玉考古』51（共著）、2016

本多貴之（ほんだ たかゆき）　1980 年生

明治大学理工学部准教授

主要著作論文　「赤外分光法を用いた漆の分析」月刊 OPTRONICS 39（5）、「漆の科学分析」月刊考古学ジャーナル 743、「小樽市総合博物館所蔵漆器の科学分析」アイヌの漆器に関する学際的研究 北海道出版企画センター 2019

吉岡 卓真（よしおかたくま）　1979 年生

さいたま市教育委員会

主要著作論文　「水場遺構」『縄文文化の繁栄と衰退』雄山閣、2019、「後晩期の土製耳飾り」『身を飾る縄文人―副葬品から見た縄文社会―』雄山閣、2019、「加曽利 B1 式土器の文様構成と器種間関係の変遷」『考古学集刊』16、2020

吉田 邦夫（よしだくにお）　1947 年生

東京大学総合研究博物館 特招研究員

主要著作論文　「ストロンチウム同位体分析による漆の産地同定」『国立歴史民俗博物館研究報告』225、2021、「火焔土器の X 線 C T 解析」『長岡市立科学博物館研究報告』49、2014、「Dating and stable isotope analysis of charred residues on the Incipient Jomon pottery (Japan).」, *Radiocarbon*, 55, 2014、『アルケオメトリア－考古遺物と美術工芸品を科学の眼で透かし見る－』東京大学総合研究博物館、288 頁、2012

横尾 昌樹（よこお まさき）　1982 年生

うるま市教育委員会文化課

主要著作論文　「琉球列島における貝殻施文土器の研究」『鹿児島考古』47、2017、「うるま市藪地洞穴遺跡の発掘調査」『古代文化』69― 4 、2018、「南島初源期の土器」『季刊考古学』155、雄山閣、2021

米田　穰（よねだ みのる）　1969 年生
東京大学総合研究博物館教授
主要著作論文　「炭素・窒素同位体でみた縄文時代の食資源利用：京葉地区に
おける中期から後期への変遷」『別冊季刊考古学』21、雄山閣、2014、「縄文人
骨の年代を決める」『オープンラボ—UMUT Hall of Inspiration』東京大学出
版、2016、「同位体分析からさぐる弥生時代の食生態」『季刊考古学』138、雄
山閣、2017

渡辺　新（わたなべ あらた）　1965 年生
千葉縄文研究会
主要著作論文　「縄文時代のテロリズム」『千葉縄文研究』9、2019、「東京湾岸
域に風靡した帯佩具—千葉県草刈貝塚出土の叉状角製品を焦点に—」『身を飾
る縄文人』雄山閣、2019

編者紹介 ―――――――――――――――――――――――――

栗島 義明（くりしま よしあき）

1958 年生
明治大学大学院博士前期課程修了
博士（史学）
現在、明治大学 研究知財戦略機構 黒耀石研究センター 特任教授

〈主要著作論文〉
「余山貝塚と貝輪の製作・流通」「大珠の佩用とその社会的意味を探る」『身を飾る
縄文人』雄山閣、2019、「木組遺構再考」『考古学研究』62―1、2015、「森の資源
とその利用」『考古学の挑戦』岩波ジュニア新書、2010、「ヒスイとコハク」『移動
と流通の縄文社会史』雄山閣、2010、「神子柴文化」『講座日本の考古学 2　旧石器
時代（下）』青木書店、2010、「硬玉製大珠の社会的意義」『縄紋時代の社会考古学』
同成社、2007

2022年 5 月10日　初版発行　　　　　　　　　　　　　　《検印省略》

じょうもんじだい
縄文時代の
かんきょう　　　てきおう　　　しげんりよう
環境への適応と資源利用

編　者　栗島義明
発行者　宮田哲男
発行所　株式会社 雄山閣
　　　　〒102-0071　東京都千代田区富士見 2-6-9
　　　　TEL　03-3262-3231 / FAX　03-3262-6938
　　　　URL　http://www.yuzankaku.co.jp
　　　　e-mail　info@yuzankaku.co.jp
　　　　振 替：00130-5-1685
印刷・製本　株式会社ティーケー出版印刷